阳光阅读

名师点评 无障碍阅读

LUNYU
TONGYI

论语通译

《阳光阅读丛书》编委会 编

张辛 主编

黄河出版传媒集团
阳光出版社

图书在版编目（CIP）数据

论语通译 /《阳光阅读丛书》编委会主编. -- 银川：
阳光出版社，2014.12（2020.3重印）
（阳光阅读 / 张辛主编）
ISBN 978-7-5525-1656-2

Ⅰ.①论… Ⅱ.①阳… Ⅲ.①儒家②《论语》-译文
Ⅳ.①B222.24

中国版本图书馆 CIP 数据核字（2015）第 003402 号

阳光阅读·论语通译 　　　　　　　　　《阳光阅读丛书》编委会 　编

责任编辑　赵维娟
封面设计　天之赋设计室

黄河出版传媒集团
阳 光 出 版 社 出版发行

地　　址　宁夏银川市北京东路 139 号出版大厦（750001）
网　　址　http://www.ygchbs.com
网上书店　http://shop129132959.taobao.com
电子信箱　yangguangchubanshe@163.com
邮购电话　0951-5014139
经　　销　全国新华书店
印刷装订　三河市三佳印刷装订有限公司
印刷委托书号　（宁）0015666

开本　880mm×1230mm　1/16
印张　13.5　　　　字数　220 千字
版次　2014 年 12 月第 1 版
印次　2020 年 3 月第 4 次印刷
书号　ISBN 978-7-5525-1656-2
定价　26.80 元

《阳光阅读》丛书著译者（部分）

叶圣陶　原名叶绍钧，现代著名作家、教育家、文学出版家和社会活动家，有"优秀的语言艺术家"之称。出版了童话集《古代英雄的石像》《稻草人》以及小说集《隔膜》《火灾》等。短篇小说《藕与莼菜》编入沪教版七年级语文教材。

冰　心　原名谢婉莹，是我国第一代儿童文学作家，著名的中国现代小说家、散文家、诗人、翻译家。著有小说集《超人》，诗集《春水》《繁星》，散文集《寄小读者》《再寄小读者》《三寄小读者》等。

艾　青　原名蒋正涵，中国现代诗人。1933年，第一次用艾青的笔名发表长诗。以后陆续出版诗集《大堰河》《火把》《向太阳》《在浪尖上》《光的赞歌》等。其诗作《我爱这土地》《大堰河——我的保姆》被选入中学语文教材。

林海音　原名林含英，中国现代著名女作家。《窃读记》被选为人教版义务教育教科书五年级语文上册第一单元第一课，《迟到》被选入北师大版五年级语文教材。

张天翼　中国现代著名作家。曾任中央文学讲习所副主任、中国文联委员、中国作协书记处书记、《人民文学》主编等职。代表作有童话《大林和小林》《宝葫芦的秘密》《秃秃大王》，小说《华威先生》《鬼土日记》等。

宋兆霖　中国作家协会会员，著名翻译家。译著长篇小说《赫索格》《奥吉·马奇历险记》《最后的莫希干人》《间谍》《双城记》《大卫·科波菲尔》《呼啸山庄》《简·爱》《鲁米诗选》等。

丛书特色

导语 ▶ 富有启发性的引导语言，重在激发读者的阅读兴趣，带领读者自主阅读，用心感悟。

阅读提示 ▶ 点评重要语句，挖掘原著内容，分析人物形象，品读精彩语言，全景展现阅读天地，快速提高阅读能力。

知识链接 ▶ 对文中所涉及的生僻或难以理解的知识、概念或事件做简要介绍。

字词积累 ▶ 解释生词、熟语等，为读者扫清阅读障碍。同时，帮助读者在具体语境中学习、积累词汇。

品读理解 ▶ 对名作一个章节的整体结构、写作手法等进行分析，以便读者把握篇章主旨，理解文章内容，感悟艺术特色。

感悟思考 ▶ 结合文章内容设计思考题，留给学生思考和想象的空间、主动学习的空间以及展示个性的空间。

写作借鉴 ▶ 经典引路，启发学生收集写作的素材，告诉他们写什么、怎么写；指导学生锤词炼句、写景状物、布局谋篇。

考点集萃 ▶ 对必须掌握的知识点、考点进行全方位梳理，特别增设了"走近作者""故事梗概""艺术魅力""人物分析""阅读指引"等板块，旨在让学生快速掌握考试要点。

真题模拟直击考点 ▶ 精挑细选，五年升学考试真题、三年名校模拟试题与考题直接接轨，掌握解题思路与技巧。

读后感 ▶ 紧扣名著精髓，精选读后感佳作，拓展发散性思维，发人之所未发，见人之所未见。

序

　　读书对一个人的成长有着非常重要的影响。很多杰出的人物在青少年时代都酷爱读书，以书为友，以读书为乐。毛泽东曾经说过："我一生最大的爱好就是读书。……饭可以一日不吃，觉可以一日不睡，书不可以一日不读。"苏联著名作家高尔基曾经说过："我扑在书上，就像饥饿的人扑在面包上。"

　　名著是人类文化的精华，更是书中的精品。阅读名著，如同与大师携手，可以增长见识，启迪智慧，提高语文能力和人文素养。为了让中小学生多读书、读好书，国家教育部于2017年9月开始要求全国中小学生陆续启用教育部统编语文教材。统编语文教材加强了中国优秀传统文化教育、革命传统教育及社会主义先进文化教育的内容，更加注重立德树人，鼓励学生通过大量阅读提升语文素养，涵养人文精神。我们出版的《阳光阅读》丛书是紧扣新课改宗旨，携手国内中小学语文教育专家精心打造的提高中小学生阅读水平的典范之作。

　　经典性　名著是不同国家、不同时代人类智慧的结晶与文明成果的标志，往往有着深刻的思想内涵和巨大的艺术魅力。本丛书所选的百部中外名著，大都是经过历史长河淘洗过的经典作品，能为中小学生的健康成长打好精神基础，为他们提供精神营养，使他们终身受益。

　　权威性　我们对所选的百部中外名著，根据语文教材的阅读方法进行了全方位解读。

在内容的编写上，每本书增加了简明实用的"阅读指南"和"感悟思考"。

阅读指南 通过对作品进行全面的介绍，让孩子在阅读时更轻松。我们希望一方面能为广大青少年打开一扇认识和了解名著的大门，激发他们热爱名著、阅读名著的兴趣，另一方面能为他们欣赏和阅读名著提供一些方法上的指导。

感悟思考 丛书中经过精心编写的思考题，有的侧重于思想内涵的理解，有的侧重于艺术表现方法的探究，有的侧重于结合现实，深入理解名著的文化意义。学生带着问题阅读，通过独立思考，在读完全书后得出自己的结论。这样，阅读名著就会收到事半功倍的效果。

我们相信，《阳光阅读》丛书一定能够成为中小学生的良师益友，成为中小学生家庭的必备藏书。

《阳光阅读》丛书编委会

目 录
CONTENTS

考点集萃

学而篇第一

共十六章

一

子曰："学而时习之，不亦说乎？有朋自远方来，不亦乐乎？人不知，而不愠①，不亦君子乎②？"

【译文】孔子说："学了知识后并且能按时反复地温习，不也是件愉快的事吗？有志同道合的人远道而来，不也是件快乐的事吗？别人不理解我，我并不恼恨，不也是个有修养的人吗？"

【注释】① 愠(yùn)：恼恨，恼怒。②君子：原义是有较高社会地位的人，统治阶层的人，引申为有道德的人。这里用的是引申义。

二

有子①曰："其为人也孝弟②，而好犯上者，鲜矣；不好犯上，而好作乱者，未之有也。君子务本，本立而道生。孝弟也者，其为仁③之本与④！"

【译文】有子说："（如果）他的为人孝顺父母、尊重兄长，却喜欢冒犯上辈或上司，这是很少有的；不喜欢犯上，却喜欢作乱，这种人是不会有的。君子会致力于根本的工作，基础的东西建立了，（做人的其他）道理就由此而产生。孝顺父母、敬重兄长，这些准则应是仁的根本吧！"

【注释】①有子：姓有，名若，孔子弟子。②孝弟：孝，儒家伦理重要德目之一，指子女对长辈的敬爱顺从。弟，同"悌(tì)"，指弟弟尊重顺从兄长。③仁：孔子提出的道德伦理的最高标准，也是孔子思想的核心概念。④与：通"欤"，语气词。

三

子曰："巧①言令②色，鲜矣仁！"

【译文】孔子说："满口说动听的话，满脸装出讨人喜欢的样子，这种人是很少有仁德的。"

【注释】①巧：好。②令：善。

四

曾子①曰："吾日三省吾身——为人谋而不忠②乎？与朋友交而不信乎？传不习乎？"

【译文】曾子说："我每天多次反省自己：自己替人办事是否尽心尽力？与朋友交往有没有做到以诚相待？老师传授的学业有没有经常复习呢？"

【注释】①曾子：姓曾，名参（shēn），字子舆，孔子的弟子。②忠：儒家德目之一，为他人（特别是为君主）尽心竭力。

五

子曰："道千乘之国①，敬事而信，节用而爱人，使民以时。"

【译文】孔子说："治理一个实力雄厚的诸侯大国，要严肃认真地处理政事，讲究信用，节省财用，爱护臣下，让百姓服劳役要顾及农业生产，在农闲时进行。"

【注释】①千乘之国：古代四匹马拉一辆兵车称作"乘"。周制天子地方千里，出兵车万乘；诸侯地方百里，出兵车千乘。"千乘之国"指代诸侯国。

六

子曰："弟子①，入则孝，出则悌，谨而信，泛爱众，而亲仁。行有余力，则以学文②。"

【译文】孔子说："年轻的人，在父母身边要孝顺父母，离开家要敬重兄长，言语谨慎守信，博爱众人，亲近有仁德的人。做到这些后还有余力，就用来学习文化知识。"

【注释】①弟子：年纪幼小的人。②文：古代文献。

七

子夏①曰："贤贤易色；事父母，能竭其力；事君，能致其身；与朋友交，言而有信。虽曰未学，吾必谓之学矣。"

【译文】子夏说："对待妻子，能看重其品德而看轻其容貌；侍奉父母，能竭尽全力；侍奉君主，能不惜献出生命；结交朋友，说话诚实守信用。这样的人虽然自谦说没有经过学习，我必定说他学习过了。"

【注释】①子夏：姓卜，名商，字子夏，孔子的弟子。

八

子曰："君子不重，则不威；学则不固。主忠信。毋友不如己者。过，则无惮改。"

【译文】孔子说："君子如果不庄重，就不会有威严；即使学习，学业也不会巩固。要把忠诚和信实放在（待人处世的）主要位置上。不要与比不上自己的人交朋友。犯了错误，要不怕改正。"

九

曾子曰："慎终，追远，民德归厚矣。"

【译文】曾子说："慎重地对待好父母的丧礼，虔诚地祭祀历代先祖，社会道德就会趋向淳朴厚道了。"

十

子禽问于子贡①曰："夫子至于是邦也，必闻其政，求之与？抑与之与？"子贡曰："夫子温、良、恭、俭②、让以得之。夫子之求之也，其诸异乎人之求之与？"

【译文】子禽向子贡问道："先生到了一个国家，总能听到这个国家的政事，是自己有心去打听的呢，还是人家主动告诉他的呢？"子贡说："先生是靠为人温和、善良、恭敬、节制、谦逊（使人乐意主动向他讲述）而了解到情况的。先生这种取得别人信任而获知政事的方法，也许同别人不一样吧？"

【注释】①子禽：姓陈，名亢，字子禽，有人认为是孔子的弟子。子贡：

姓端木，名赐，字子贡；孔子的弟子。②俭：约束，不放纵，节制，即言行庄重。《礼记·乐记》："恭俭而好礼者，宜歌小雅。"

十一

子曰："父在，观其志；父没，观其行；三年无改于父之道①，可谓孝矣。"

【译文】孔子说："（考查一个人是否孝）他的父亲在世时，看他的志向主张；其父去世后，要看他的行为；如果长时间遵照他父亲生前的做法，就称得上孝了。"

【注释】①道：此指父亲在世时所奉行的行为准则、道德规范等。

十二

有子曰："礼之用，和①为贵。先王之道，斯为美；小大由之。有所不行，知和而和，不以礼节之，亦不可行也。"

【译文】有子说："礼的运用，处理事情以达到恰到好处为最可贵。先王的治国之道，其妙处就在这里；小事大事都要依此而行。但若有行不通的时候，只知道为了求得恰当而一味求恰当，不用礼来加以节制，那也是不行的。"

【注释】①和：恰到好处、适中。

十三

有子曰："信近于义，言可复也。恭近于礼，远耻辱也。因不失其亲，亦可宗也。"

【译文】有子说:"诺言符合义的原则,才可以实践诺言。对别人恭敬庄重符合礼的原则,才可以免遭耻辱。依靠自己的亲族,也才有可能靠得住。"

十四

子曰:"君子食无求饱,居无求安,敏于事而慎于言,就有道而正焉,可谓好学也已。"

【译文】孔子说:"君子吃饭不追求饱足,居住不追求安逸,做事敏捷,说话谨慎,主动向有道德的人学习并改正自己的缺点,这就可以称得上好学了。"

十五

子贡曰:"贫而无谄,富而无骄,何如?"子曰:"可也。未若贫而乐道①,富而好礼者也。"

子贡曰:"《诗》云:'如切如磋,如琢如磨',其斯之谓与?"子曰:"赐也,始可与言《诗》已矣,告诸往而知来者。"

【译文】子贡说:"贫穷却不巴结奉承,富有却不傲慢,怎么样?"孔子说:"可以了。但还比不上贫穷却乐于求道,富有却崇尚礼节的人。"

子贡(若有所悟地)说:"《诗经》上说'(君子的自我修养像匠人加工骨器、玉器那样)先锯开、锉平,再雕琢、磨光',大概就是这个意思吧?"孔子说:"赐呀,现在可以同你谈论《诗经》了,告诉了你一个道理,你能类推悟出新的道理了。"

【注释】①贫而乐道:依皇侃本,"贫而乐"下有"道"字,今从。

十六

子曰："不患①人之不己知，患不知人也。"

【译文】孔子说："不担心别人不了解自己，只忧虑自己不理解别人。"

【注释】①患：担心、忧愁。

为政篇第二

共二十四章

一

子曰："为政以德，譬如北辰居其所而众星共^①之。"

【译文】孔子说："（国君）依靠品德教化统治国家，他就会像北极星一样，泰然处在自己的位置上，群星环绕在它周围。"

【注释】①共：通"拱"，环绕。

二

子曰："《诗》三百^①，一言以蔽之，曰：'思无邪'^②。"

【译文】孔子说："《诗经》的三百篇诗，可以用一句话概括其特点，就是'内容纯正'。"

【注释】①《诗》三百：《诗经》共三百零五篇，因此这里说"三百"。②思无邪：本是《诗经·鲁颂·駉》篇中的一句，此处孔子断章取义引用之。

三

子曰："道之以政，齐之以刑，民免而无耻。道之以德，齐之以礼，有耻且格。"

【译文】孔子说："靠政令来领导人民，用刑法来规范，百姓能免于犯罪，但没有羞耻心。用道德来引导，用礼教来规范，百姓就会不但有羞耻心，并且真心归服。"

四

子曰："吾十有五而志于学，三十而立，四十而不惑，五十而知天命①，六十而耳顺，七十而从②心所欲，不逾矩。"

【译文】孔子说："我十五岁时有志于做学问，三十岁时便能立定在'礼'上，四十岁时便不再有疑惑，五十岁时便懂得了天命，六十岁时听到各种言论，都能辨别清楚，明白贯通，七十岁时随心所欲都不会超越法度。"

【注释】①天命：天是周族的至上神。天命即至上神的旨意、安排。孔子时代，天命思想已经动摇。②从(zòng)：随。

五

孟懿子①问孝。子曰："无违。"

樊迟②御，子告之曰："孟孙问孝于我，我对曰，无违。"樊迟曰："何谓也？"子曰："生，事之以礼；死，葬之以礼，祭之以礼。"

【译文】孟懿子问什么是孝。孔子说："不要违背礼的规定。"

樊迟给孔子驾车，孔子告诉他说："孟孙请教我孝的问题，我回答他说，不要违背礼的规定。"樊迟问："您说的是什么意思呢？"孔子说："父母在世时，按照礼的规定侍奉他们；父母去世后按照礼的规定安葬他们，祭祀他们。"

【注释】①孟懿子：鲁国大夫，姓仲孙，名何忌，"懿"是谥号。②樊迟：姓樊，名须，字子迟；孔子的弟子。

六

孟武伯①问孝。子曰："父母唯其疾之忧②。"

【译文】孟武伯问怎样做到孝。孔子说："做父母的只是为子女的疾病担心。"

【注释】①孟武伯：孟懿子的儿子，名彘(zhì)，"武"是谥号，"伯"是排行。②这句有歧解，原因出自对句中"其"字指代的对象理解不同。译文认为"其"复指"父母"。孔子因人施教，对于不同的人"问孝"，他的回答都不一样。据说孟武伯"善忧父母"，孔子所答便针对了他这一特点。

七

子游①问孝。子曰："今之孝者，是谓能养。至于犬马，皆能有养；不敬，何以别乎？"

【译文】子游问孔子什么是孝。孔子说："现在说的孝，只是说能做到供养父母。（然而）就是（家里的）狗和马，也能得到人的饲养；如果不敬重父母，那么赡养父母和养狗养马又有什么区别呢？"

【注释】①子游：姓言，名偃，字子游；孔子的弟子。

八

子夏问孝。子曰："色难。有事，弟子服其劳；有酒食，先生馔①，曾是以为孝乎？"

【译文】子夏问怎样算是孝。孔子说："奉养父母始终和颜悦色是件难事。遇到事情，替父母做，有酒食让父母享用，就能算作孝吗？"

【注释】①馔(zhuàn)：饮食，吃喝。

九

子曰："吾与回①言终日，不违，如愚。退而省其私，亦足以发，回也不愚。"

【译文】孔子说："我整天给颜回讲学，他从来不提与我不同的见解，好像很愚笨。过后，我考察他私下的言谈，却（发现他）能发挥我的观点，可见颜回并不愚笨。"

【注释】①回，即颜回，字子渊；孔子最赏识的弟子。

十

子曰："视其所以①，观其所由②，察其所安③。人焉④廋哉？人焉廋哉？"

【译文】孔子说："要了解一个人，观察他的动机，察看他的做法，观察他安心于什么。这样去认识，一个人的真面目能隐藏到哪里去呢？能隐藏到哪里去呢？"

【注释】①所以：……的原因。②所由：……的途径。③所安：……的心情，安于……④廋(sōu)：隐藏，藏匿。

十一

子曰："温故而知新，可以为师矣。"

【译文】孔子说："温习学过的知识，能从中悟出新的见解来，就可以做别人的老师了。"

十二

子曰："君子不器。"

【译文】孔子说："君子不能像器具那样，只仅有一才一艺就行了。"

十三

子贡问君子。子曰："先行其言而后从之。"

【译文】子贡问怎样做一个君子。孔子说："把自己要说的话先去兑现，做了以后再说出来。"

十四

子曰："君子周而不比，小人①比而不周。"

【译文】孔子说："君子（靠忠信）团结人，不结党营私；小人互相勾结，不（靠忠信）团结人。"

【注释】①小人：与君子相对，本指社会地位低下的人，引申为道德水平低下的人。

十五

子曰："学而不思则罔①，思而不学则殆②。"

【译文】孔子说："只学习而不思考，就会受蒙蔽而无收获；只思考而不学习，就会疑惑而无所得。"

【注释】①罔（wǎng）：无，没有。②殆（dài）："怠"（yǐ）的假借字。

"佁""殆"古音相同，有不前、凝滞义。《老子》二十五章"周行而不殆"，"殆"即训止。《礼记·学记》："或失则止。"郑玄注："失于止谓好思不问者。"孔颖达疏："人心未晓知而不肯咨问，惟但止住而自思之，终不能达其实理，此失在于自止也，此是'思而不学则殆'。"译文本此。

十六

子曰："攻乎异端①，斯害也已。"

【译文】孔子说："一心去研究错误的学说，就有危害啊。"

【注释】①异端：不符合圣人之道的学说、意见。

十七

子曰："由①！诲②女知之乎？知之为知之，不知为不知，是知也。"

【译文】孔子说："由呀，我教给你的你懂了吗？懂了就是懂了，不懂就是不懂，这才是真正的知道呀。"

【注释】①由，即仲由，字子路，孔子的弟子。②诲：教导。

十八

子张①学干禄。子曰："多闻阙疑，慎言其余，则寡尤；多见阙殆，慎行其余，则寡悔。言寡尤，行寡悔，禄在其中矣。"

【译文】子张向孔子请教求官职俸禄的方法。孔子说："多听听别人的意见，保留有疑问的地方，其余（有把握的）要谨慎地说出来，这样就能少犯错误；多看看别人的行事，不稳妥的事不要做，其余（有把握的）事要小心地去做，这样就能减少后悔。说话少犯错误，做事少有后悔，谋求做官的秘诀就在其中了。"

【注释】①子张：姓颛(zhuān)孙，名师，字子张，孔子的弟子。

十九

哀公①问曰："何为则民服？"孔子对曰："举直错诸枉，则民服；举枉错诸直，则民不服。"

【译文】哀公问道："怎样做才能使百姓服从？"孔子回答说："提拔举用正直的人，使他安置在邪曲之人的上面，百姓就会服从；提拔邪曲之人，使他居于正直之人的上面，百姓就不服。"

【注释】①哀公：指鲁哀公，鲁国国君，姓姬，名蒋，"哀"是谥号。

二十

季康①子问："使民敬、忠以劝，如之何？"子曰："临之以庄，则敬；孝慈②，则忠；举善而教不能，则劝。"

【译文】季康子问道："要使百姓对上恭敬、忠心，而且以此相互勉励，该怎么做？"孔子说："对他们庄重严肃，他们就会对上敬重；教导他们孝敬老人、慈爱孩子，他们就会对上忠心；任用品德高尚的人，教育能力差的人，他们就会勤勉了。"

【注释】①季康子：鲁哀公时的大夫，姓季孙，名肥，"康"是谥号。②孝慈：孝敬父母，慈爱孩子。

二十一

或谓孔子曰："子奚不为政？"子曰："《书》云：'孝乎惟孝，友于兄弟，施于有政。'是亦为政，奚其为为政？"

【译文】有人问孔子："您为什么不去做官从政？"孔子说："《尚书》上说：'孝啊，就是孝敬父母，又同兄弟讲友爱，把这道理应用到政治上去。'这也就是参与了政事，为什么只有做官才算从政呢？"

二十二

子曰："人而无信，不知其可也。大车无輗①，小车无軏②，其何以行之哉？"

【译文】孔子说："一个人如果不讲信用，不知他怎么为人处世呢？就像大车少了輗，小车少了軏，车子还怎么能走呢？"

【注释】①大车：指牛车。輗(ní)：古代车两旁有两根长木杠，称为辕，两辕的前端用一根横木联结起来，以便驾牲口。横木与辕是用木销联结起来的，大车用的木销叫輗，小车用的木销叫軏(yuè)。②小车：指马车。軏见上注。

二十三

子张问："十世可知也？"子曰："殷因于夏礼，所损益，可知也；周因于殷礼，所损益，可知也。其或继周者，虽百世，可知也。"

【译文】子张问道："十代以后的礼制可以预知吗？"孔子说："殷代因袭夏代的礼制，有废除、增加的地方，是可以知道的；周代因袭夏代的礼制，有删除、增加的地方，也是可以知道的。将来假如有继承周代的朝代，即使过了一百年以后，它的礼制也是可以推知的。"

二十四

子曰："非其鬼①而祭之，谄也。见义不为，无勇也。"

【译文】孔子说："不是自己应该祭祀的鬼神却去祭祀他，这是谄媚。见了正义的事却不去奋不顾身地做，这是没有勇气。"

【注释】①鬼：人死后脱离肉体的灵魂，此处指已故祖先的灵魂。

八佾篇第三

共二十六章

一

孔子谓季氏①，"八佾②舞于庭，是可忍也，孰不可忍也？"

【译文】孔子谈论到季氏，说："在自家庭院中季孙氏使用六十四人的舞蹈队列，这样的事他能忍心干出来，还有什么事不能狠心干出来呢？"

【注释】①季氏：指季平子，鲁国大夫。②八佾(yì)：古代舞蹈八人为一行，一行叫一佾；天子使用八行共六十四人的舞蹈，称为"八佾"。诸侯按规定，使用六行，大夫只能使用四行即三十二人的舞蹈；季氏是大夫，却使用"八佾"，这是僭礼的行为。

二

三家者以《雍》①彻。子曰："'相维辟公，天子穆穆'，奚取于三家之堂？"

【译文】孟孙、叔孙、季孙三家在祭完祖先时，（也跟天子祭祀一样）唱着《雍》诗撤去祭品。孔子批评说："'助祭的是四方的诸侯，主祭的是庄严肃穆的天子'，这诗怎么能在三家祭祖的庙堂上唱呢？"

【注释】①三家：指在鲁国当政的孟孙氏、叔孙氏、季孙氏三家。三家都是鲁桓公的后代，故又称"三桓"。《雍》：《诗经·周颂》中的一篇。

三

子曰："人而不仁，如礼何？人而不仁，如乐何①？"

【译文】孔子说："一个人如果没有仁爱之心，礼仪对他有什么用呢？一个人如果不仁，音乐对他有什么用呢？"

【注释】①乐：音乐，古代的乐也包括舞蹈。孔子重视乐，认为好的乐有宣泄情感，协调人际关系的功效。

四

林放①问礼之本②。子曰："大哉问！礼，与其奢也，宁俭；丧，与其易也，宁戚③。"

【译文】林放问礼的本质是什么。孔子说："这个问题，意义重大啊！实践礼仪，与其奢侈，宁可俭朴；就丧礼来说，与其形式上大操大办，不如心情上真正悲哀。"

【注释】①林放：鲁国人，有人认为是孔子的弟子。②本：根本，本质。③戚：悲伤。

五

子曰："夷狄①之有君，不如诸夏之亡②也。"

【译文】孔子说："地处偏远的国家有君主（而没有礼仪），还不如中原各国没有君主（却有礼仪呢）。"

【注释】①夷狄：夷、狄是我国古代居住在中原的华夏族统治阶级分别对东方异族和北方异族的蔑称，这里泛指当时各方异族。②亡（wú）：通

"无"，没有。

六

季氏旅于泰山。子谓冉有①曰："女弗能救与？"对曰："不能。"子曰："呜呼！曾谓泰山不如林放乎②？"

【译文】季氏要去祭祀泰山。孔子对冉有说："你不能劝阻他吗？"冉有回答说："不能。"孔子说："哎呀！难道能说泰山的神灵还不如林放（懂礼），竟会接受季氏越礼的祭祀吗？"

【注释】①冉有：姓冉，名求，字子有；孔子的弟子。②在古代天子才有资格祭天下的名山大川，季氏只是鲁国大夫，他去祭泰山是僭礼行为。孔子的这句反问，是说泰山的神灵是不会接受季氏非礼的祭祀的。

七

子曰："君子无所争。必也射乎！揖①让而升，下而饮。其争也君子。"

【译文】孔子说："君子没有与人相争的事。如果有争的话，那就是比赛射箭吧！（比赛时）他们上堂要相互作揖谦让，射完下堂后还要相互敬酒。那样的争呀，也还是君子之争。"

【注释】①揖：作揖、谦让，这是表示敬意。

八

子夏问曰："'巧笑倩兮，美目盼兮，素以为绚兮。'何谓也？"子曰："绘事后素。"

曰："礼后①乎？"子曰："起予者商②也！始可与言《诗》已矣。"

【译文】子夏问道:"(《诗经》上说)'漂亮的脸笑得美呀,美丽的眼睛,黑白多分明呀,洁白的脂粉更把她妆扮得楚楚动人啊。'这几句是什么意思呢?"孔子说:"(像绘画一样)先绘上彩色,再用白色修饰。"子夏(有所悟地)说:"学礼要放在仁义后边是吗?"孔子说:"给了我启发的是卜商啊!这就可以同你谈论《诗经》了。"

【注释】①礼后:学礼要放在后边。放在什么后边,原文没有说;旧注多认为具有了忠信品质的人,才能谈得上学礼。②商:子夏,姓卜,名商。

九

子曰:"夏礼,吾能言之,杞①不足征也;殷礼,吾能言之,宋②不足征也。文献不足故也。足,则吾能征③之矣。"

【译文】孔子说:"夏代的礼制,我能说出来,(但它的后代)杞国,不足以做证;殷代的礼制,我也能讲出来,(但它的后代)宋国也不足做证。这是因为(杞、宋两国现存的)资料和(熟悉历史的)贤人不够的缘故,否则我就可以拿它们来做证的。"

【注释】①杞(qǐ):古国名,相传其君主是夏禹的后代,其地在今河南杞县。②宋:古国名,相传其君主是商汤的后代,其地在今河南商丘一带。③征,即"证",证明,做证。

十

子曰:"禘①自既灌而往者,吾不欲观之矣②。"

【译文】孔子说:"对于禘祭的礼仪,从第一次向受祭者献上香酒以后,(下面的仪式)我就不想往下看了。"

【注释】①禘(dì):古代一种祭祀祖先的极其隆重的祭礼,只有天子才能举行。②吾不欲观之矣：周公旦死后，周成王追念他为建立周朝所做的重大贡献，特许他的后代用禘礼祭祀他，因此鲁国一直实行禘祭。但到了春秋时，鲁国的禘祭在先君排列次序上，有违反等级名分的做法，所以孔子不想看下去了。

十一

或问禘之说。子曰："不知也，知其说者之于天下也，其如示①诸斯乎！"指其掌。

【译文】有人请教孔子关于禘祭的道理。孔子说："我不知道，知道这个道理的人治理天下，大概就像把一件东西摆在这里一样容易吧！"孔子边说边指着自己的手掌。

【注释】①示：同"置"，摆、放置。

十二

祭如在，祭神如神在①。子曰："吾不与②祭，如不祭。"

【译文】祭祀祖先，仿佛祖先就在面前；祭祀神，好像神就在面前。孔子说："我如果不亲自参加祭祀（而叫别人代祭），那祭祀和不祭祀是一样的。"

【注释】①神：各种存在的精神主宰，包括天神、山川之神、土地之神以及人鬼（祖先神）。②与（yù）：参与。

十三

王孙贾①问曰："与其媚于奥，宁媚于灶②，何谓也？"子曰："不然，获罪于天，无所祷也。"

【译文】王孙贾问道："（俗话说）与其巴结奥神，不如讨好灶神，这是什么意思呢？"孔子说："不对，如果得罪了上天，就没有可祈祷的地方了。"

【注释】①王孙贾：卫国大夫。②奥、灶：屋内西南角叫奥，烧火做饭的地方叫灶，古人认为这两处都有神，都要祭祀。奥神比灶神尊贵，但因为灶神直接管人吃饭的大事，所以就有了"与其讨好奥神，不如讨好灶神"的说法，用来比喻与其讨好地位高的人，不如讨好地位低些但有实权的人。

十四

子曰："周监①于二代，郁郁乎文哉！吾从周。"

【译文】孔子说："周代的礼仪制度借鉴了夏、商两代，（制定的礼乐制度）多么丰富多彩啊！我赞成周代（的礼乐制度）。"

【注释】①监（jiàn）：同"鉴"，借鉴。

十五

子入太庙①，每事问。或曰："孰谓鄹人之子知礼乎②？入太庙，每事问。"子闻之，曰："是礼也③？"

【译文】孔子进到太庙，每样事都要问问。有人便说："谁说鄹大夫的儿子识礼呢？他入了太庙，事事要问。"孔子听了这话，说："这些能算是礼吗？"

【注释】①太庙：祭祀开国君主（太祖）的庙，这里指鲁国开国君主周公旦的庙。②鄹人之子：鄹（zōu），鲁国邑名。孔子父亲叔梁纥曾做过鄹邑大夫，此处"鄹人之子"即指称孔子，含有轻视之意。③是礼也："也"通"邪"，表疑问。此句一般注家做正面肯定句理解，其实孔子对太庙中祭事仪式及至各种礼器是不可能不知道的，只因当时祭祀多僭礼行为，孔子便以"每事问"来正礼，想使人有所省悟，浅人遂疑孔子不知礼，孔子不予明辩，只以反问表明：太庙中的种种僭礼哪能算礼？故原句似视作反问句为胜。

十六

子曰："射不主皮①，为力不同科，古之道也。"

【译文】孔子说："演习射艺，不是非要以穿透靶子为主，因为各人力气不同的缘故，这是自古以来的规矩。"

【注释】①皮：兽皮做成的箭靶子。

十七

子贡欲去告朔之饩羊①。子曰："赐也！尔爱其羊，我爱其礼②。"

【译文】子贡想把每月初一祭祀祖庙时所用的活羊省去不用。孔子说："赐呀！你爱惜那只羊，我珍惜那种祭礼。"

【注释】①告朔之饩羊：周天子于每年冬季将下年历书颁发于诸侯，诸侯将历书藏于祖庙，每月朔（初一）在祖庙杀羊祭祀，请出历书以示尊行，此礼称"告朔"，所用之羊称饩（xì）羊。②尔爱其羊，我爱其礼：鲁国自文公后即不行告朔之礼，只在每月朔日于祖庙杀一羊虚应故事。子贡认为鲁公既然不行礼，杀羊是浪费；孔子认为礼虽不全，但毕竟还在，如果连羊也不杀，礼便完全没有了。

十八

子曰："事君尽礼，人以为谄也。"

【译文】孔子说："完全按照礼节的规定侍奉君主，别人反认为他是在向君主谄媚讨好呢。"

十九

定公问①："君使臣，臣事君，如之何？"孔子对曰："君使臣以礼，臣事君以忠。"

【译文】定公问道："国君役使臣子，臣子侍奉国君，应该怎样做？"孔子说："国君要按照礼的规定对待臣子，臣子要赤胆忠心地侍奉国君。"

【注释】①定公，即鲁定公，鲁国国君。

二十

子曰："《关雎》乐而不淫①，哀而不伤。"

【译文】孔子说："《关雎》这首诗，欢乐而不至于放荡、过分，愁思而不哀伤。"

【注释】①《关雎》：《诗经·国风》的第一篇。淫：过分而到了不恰当的地步。

二十一

哀公问社于宰我①。宰我对曰："夏后氏以松，殷人以柏，周人以栗，曰，使民战栗。"子闻之，曰："成事不说，遂事不谏，既往不咎。"

【译文】哀公问宰我，应该用哪种木头做社主。宰我回答说："夏代用的是松木，殷代用的是柏木，周代用的是栗木——用意是要使百姓（害怕得）瑟瑟发抖。"孔子听到这番话后，（用批评的语气）说："已经做了的事不必再解释它了，已经做成了的事不必再规劝了，过去了的事就不要再责备了。"

【注释】①社：土神，这里指社主，即代表社神的木牌位。宰我：名予，字子我；孔子的弟子。

二十二

子曰："管仲①之器小哉！"

或曰："管仲俭乎？"曰："管氏有三归②，官事不摄，焉得俭？"

"然则管仲知礼乎？"曰："邦君树塞门，管氏亦树塞门③；邦君为两君之好，有反坫④，管氏亦有反坫。管氏而知礼，孰不知礼？"

【译文】孔子说："管仲的器量太狭小啊！"

有人问："管仲生活节俭吗？"孔子说："管仲有大量的市租收入，他下属的官员都各司其职，从不兼职，哪能算得上俭朴？"

（又问）"那么管仲懂礼吗？"孔子说："国君在宫殿门前立一堵照壁，管仲也在门口立一堵照壁；国君为了同别国国君友好交往，在宴会的堂上设置了放置酒杯的坫，管仲在家里也设置坫。管仲如果懂礼的话，还有谁不懂礼呢？"

【注释】①管仲：春秋初期政治家，名夷吾，字仲。曾担任齐国的卿，辅佐齐桓公成为春秋时第一个霸主。②三归：有多种解释，今从杨伯峻先生之说，三归指市租（见其所著《论语译注》）。③塞门：类似于后来的照壁，设于大门处，用以遮蔽内外视线。④反坫（diàn）：坫为土筑设备，有多种；反坫即反爵之坫，在两楹之间，诸侯若与邻国之君进行友好会见，献酬之礼过后将用过的爵（酒杯）放在坫上。诸侯以上才能享用。

二十三

子语鲁大师乐①，曰："乐其可知也：始作，翕如也；从之，纯如也，皦如也，绎如也，以成。"

【译文】孔子告诉鲁国乐官音乐演奏的道理，说："音乐演奏的过程是可以知道的：开始演奏时，（钟鼓齐鸣）乐音合奏；继而，音调纯正和谐，洪亮清晰，经久不息，由此完成演奏。"

【注释】①大师：乐官之长，"大"音tài。

二十四

仪封人请见①，曰："君子之至于斯也，吾未尝不得见也。"从者见之。出曰："二三子何患于丧乎？天下之无道也久矣，天将以夫子为木铎②。"

【译文】仪县的边防官员要求拜见孔子，说："（只要是）君子到了这个地方，我没有不要求会见的。"孔子的随行弟子让他见了孔子。见过出来后，（他对孔子的弟子）说："你们何必忧虑先生丢了职位呢？天下失去正道已经很长时间了，上天将要以你们的老师为木铎来传播真理。"

【注释】①仪封人：仪，地名，在今河南兰考县境内。封，疆界；封人，管理疆界的官。②木铎：木舌铜铃，古代官员摇木铎召集百姓来听政令训导。

二十五

子谓《韶》①："尽美矣，又尽善也。"谓《武》②："尽美矣，未尽善也。"

【译文】孔子评论《韶》乐，说："《韶》乐美极了！内容也好极了！"评论《武》乐，说："音乐美极了，但内容还不十分好。"

【注释】①《韶》：舜帝时的乐曲。②《武》：周武王时的乐曲。传说舜以禅让继承尧的帝位，而武王以征伐取代纣的帝位，故孔子认为前者的乐曲尽美尽善，而后者的乐曲尽美而未尽善。

二十六

子曰："居上不宽，为礼不敬，临丧不哀，吾何以观之哉！"

【译文】孔子说："身处高位却不能宽容大量，行礼时不恭敬严肃，居丧时不悲哀，这些我怎么看得下去呢！"

里仁篇第四

共二十六章

一

子曰："里仁为美。择不处仁，焉得知？"

【译文】孔子说："人如果能居住在有仁德的地方才算好。选择不行仁道的地方居住，哪能算是聪明呢？"

二

子曰："不仁者不可以久处约①，不可以长处乐。仁者安仁，知者利仁。"

【译文】孔子说："不仁的人不能长期处在穷困之中，不能长久处于安乐之中。有仁德的人为了心安而行仁，智者为了利益而行仁。"

【注释】①约：穷困。

三

子曰："唯仁者能好人，能恶人。"

【译文】孔子说："只有仁人才能慎重地去喜爱人，才能严肃地去讨厌人。"

四

子曰："苟志于仁矣，无恶也。"

【译文】孔子说："如果诚心立志于（培养、实践）仁德，就不会有使人厌恶的事发生了。"

五

子曰："富与贵，是人之所欲也；不以其道得之，不处也。贫与贱，是人之所恶也；不以其道得之①，不去也。君子去仁，恶乎成名？君子无终食之间违仁，造次必于是，颠沛必于是。"

【译文】孔子说："财富与地位，这是人人都向往的；不用正当的方法得到它们，就宁可不享受。贫穷与低贱，这是人人都厌恶的；不用正当的方法摆脱它们，就宁可不摆脱。君子抛弃了仁，怎么能成就好名声？君子哪怕吃一顿饭的时间也不能违背仁，仓促的时候必定立足在仁上，生活颠沛困顿的时候也必定立足在仁上。"

【注释】①得之：杨伯峻说："'得之'应该改为'去之'。"（《论语译注》）可从。

六

子曰："我未见好仁者，恶不仁者。好仁者，无以尚之；恶不仁者，其为仁矣，不使不仁者加乎其身。有能一日用其力于仁矣乎？我未见力不足者。盖有之矣，我未之见也。"

【译文】孔子说："我不曾见过喜爱仁德的人，也不曾见过讨厌不仁的人。

爱好仁德的人，觉得没有什么可以超过对仁德的爱；厌恶不仁的人，他的实践仁德，是不让不仁德的东西沾染到自己身上，对自己有不好的影响。有谁能在一天内将力气全用在实践仁德上呢？我没有见过力气不够的人。或许有这种情况吧，只是我不曾见过。"

七

子曰："人之过也，各于其党。观过，斯知仁①矣。"

【译文】孔子说："人们犯的过错，总是和他同类的人所犯的错误一样的。考察一个人所犯的错误，就能了解他属于哪类人。"

【注释】①仁：同"人"。

八

子曰："朝闻道，夕死可矣。"

【译文】孔子说："早晨明晓了真理，纵然当晚死去，也值得了。"

九

子曰："士志于道，而耻恶衣恶食者，未足与议也。"

【译文】孔子说："一个士人如果有志于探求真理，却又因为穿得差吃得不好而羞耻，这种人是不值得同他谈论什么了。"

十

子曰："君子之于天下也，无适也，无莫也，义之与比。"

【译文】孔子说："君子对于天下的事情，没有固定不变的要怎样做，也没有一定不变的不应该怎么做，要看它与'义'接近的程度，怎样适合情理就怎么去做。"

十一

子曰："君子怀德，小人怀土；君子怀刑，小人怀惠。"

【译文】孔子说："君子心中时常思考道德，小人心中想着乡土；君子心中关心法度，小人心中想着恩惠私利。"

十二

子曰："放①于利而行，多怨。"

【译文】孔子说："依据个人利害关系而行事，（由于欲望总难以满足）心中总有很多怨气。"

【注释】①放(fǎng)：通"仿"，仿照，仿效。

十三

子曰："能以礼让为国乎，何有？不能以礼让为国，如礼何？"

【译文】孔子说："能够用礼让来治理国家，还有什么困难呢？不能依靠礼让治理国家，那又能怎样实行礼呢？"

十四

子曰："不患无位，患所以立。不患莫己知，求为可知也。"

【译文】孔子说："不要担心没有职位，应该担心靠什么来胜任。不愁没有人知道自己，要争取成为值得别人了解自己才干的人。"

十五

子曰："参乎！吾道一以贯之。"曾子曰："唯。"

子出，门人问曰："何谓也？"曾子曰："夫子之道，忠恕①而已矣。"

【译文】孔子说："参呀！我的思想可以用一个观点来贯穿。"曾子说："是的。"

孔子离开后，其他弟子问（曾子）："所说的观点是什么呀？"曾子说："我们老师的思想，（贯穿着）忠和恕罢了。"

【注释】①忠恕：孔子提倡仁，要求推己及人，设身处地为他人着想，忠、恕都体现了这种精神。不过"忠"是从积极方面来说，要求为人着想，替人做事尽心尽力；"恕"是从消极方面来说，要求对别人能将心比心，宽厚体谅。孔子所说的"己欲立而立人，己欲达而达人""己所不欲，勿施于人"，可分别看作是对"忠""恕"的注脚。

十六

子曰："君子喻于义，小人喻于利。"

【译文】孔子说："君子明白的是道义，小人懂得的是私利。"

十七

子曰:"见贤思齐焉,见不贤而内自省也。"

【译文】孔子说:"见了贤人就想向他看齐,见了不贤的人,就应当内心反省自己(检查自己有无和他一样的错误)。"

十八

子曰:"事父母几谏,见志不从,又敬不违,劳而不怨。"

【译文】孔子说:"侍奉父母,(对他们的过错)要委婉地规劝,如果父母没有听从,也还要恭恭敬敬侍奉,不可硬去冒犯他们,即使心里为此忧愁,但对父母仍不怨恨。"

十九

子曰:"父母在,不远游,游必有方。"

【译文】孔子说:"父母健在时,(儿子)不要长时间离家远行,(如果不得已)要离家远行,必须要有一定的去向。"

二十

子曰:"三年无改于父之道,可谓孝矣①。"

【译文】孔子说:"如果三年内不改变他父亲生前的道德规范,就称得上孝了。"

【注释】①这一章与《学而》篇第十一章中的一句相同,可能是由孔子弟子所记详略不同所致。

二十一

子曰："父母之年，不可不知也，一则以喜，一则以惧。"

【译文】孔子说："父母的年纪，是不能不记得的，一方面（因他们健康长寿而）高兴，一方面又为他们的日益衰老而忧惧。"

二十二

子曰："古者言之不出，耻躬之不逮也。"

【译文】孔子说："古人不轻易开口说话，是因为耻于自己的行动跟不上言语。"

二十三

子曰："以约失之者鲜矣。"

【译文】孔子说："因为检点、约束自己而犯过失的人太少啦！"

二十四

子曰："君子欲讷于言而敏于行。"

【译文】孔子说："君子说话应该谨慎郑重，做事应该勤奋敏捷。"

二十五

子曰："德不孤，必有邻。"

【译文】孔子说："有道德的人不会孤单的，必定会有人同他为伴。"

二十六

子游曰："事君数①，斯辱矣；朋友数，斯疏矣。"

【译文】子游说："侍奉君主，进谏次数过多就会遭到侮辱；对待朋友，劝告过多就会被朋友疏远。"

【注释】①数（shuò）：屡次。

公冶长篇第五

共二十八章

一

子谓公冶长^①，"可妻也。虽在缧绁^②之中，非其罪也。"以其子妻之。

【译文】孔子谈论公冶长："可以把女儿嫁给他做妻子啊。虽然他在坐牢，但那并不是他的罪过。"便将自己的女儿嫁给了他。

【注释】①公冶长：姓公冶，名长；孔子的弟子。②缧绁(léi xiè)：捆绑罪人的绳索，借指牢狱。

二

子谓南容^①，"邦有道，不废；邦无道，免于刑戮。"以其兄之子妻之。

【译文】孔子提到南容，说："国家政治清明，他不会被废弃不用；国家无道，政治黑暗，他能避免遭受刑罚。"（孔子）便把自己的侄女嫁给他做妻子了。

【注释】①南容：姓南宫，名适(kuò)，字子容；孔子的弟子。

三

子谓子贱^①，"君子哉若人！鲁无君子者，斯焉取斯？"

【译文】孔子谈论子贱，说："子贱这个人真是个君子啊！（如果）鲁国没有君子的话，这个人从何处获得这样的好品德？"

【注释】①子贱：姓宓（fú），名不齐，字子贱，孔子的弟子。

四

子贡问曰："赐也何如？"子曰："女，器也。"曰："何器也？"曰："瑚琏也①。"

【译文】子贡问道："您对我有什么看法呢？"孔子说："你像一件器物。"子贡问："哪样器物？"孔子说："就是宗庙里盛黍稷的瑚琏。"

【注释】①瑚琏：古代宗庙中盛黍稷用的容器，很尊贵，后来用它比喻有治国才能的人。

五

或曰："雍①也仁而不佞。"子曰："焉用佞？御人以口给，屡憎于人。不知其仁，焉用佞？"

【译文】有人说："冉雍嘛，是个有仁德而不善辩的人。"孔子说："哪用得着善辩？巧嘴簧舌地对付别人，常常让人讨厌。我不知道他是否称得上有仁德，但哪用得着善辩？"

【注释】①雍：即冉雍，字仲弓；孔子的弟子。

六

子使漆雕开仕①。对曰："吾斯之未能信。"子说。

【译文】孔子让漆雕开去做官。（漆雕开）回答说："我对做官还没有自信。"孔子听了很高兴。

【注释】①漆雕开：姓漆雕，名开，字子开；孔子的弟子。

七

子曰："道不行，乘桴浮于海。从我者，其由①与？"子路闻之喜。子曰："由也好勇过我，无所取材②。"

【译文】孔子说："我的主张在这里行不通，就乘木排漂浮到海外去。能随从我去的，大概只有仲由吧？"子路听了这话很高兴。孔子又说："仲由呀，你的勇敢精神超过了我，（可惜）没有谁来取用你的才干。"

【注释】①由：即仲由，字子路。②无所取材：这句有多种解释。清宦懋庸认为，孔子既嘉子路之勇于任事而又惜其材无取用之所（见其所著《论语稽》）。译文从之。

八

孟武伯问："子路仁乎？"子曰："不知也。"又问。子曰："由也，千乘之国，可使治其赋也，不知其仁也。"

"求也何如？"子曰："求也，千室之邑，百乘之家①，可使为之宰也，不知其仁也。"

"赤②也何如？"子曰："赤也，束带立于朝，可使与宾客言也，不知其仁也。"

【译文】孟武伯问："子路算得上有仁德吗？"孔子说："不知道。"孟武伯还是问。孔子便说："仲由呀，拥有一千辆兵车的国家，可以让他去执掌军事工作，我不知道他是否做到了仁。"

孟武伯又问："冉求这个人怎么样？"孔子说："冉求嘛，千户人口的大邑，百辆兵车的大夫家，可以让他担任总管，至于他是否做到了仁，我就不清楚了。"

孟武伯又问："公西赤怎么样？"孔子说："公西赤嘛，可以让他穿着礼服立在朝廷上，接待来宾办理交涉，我也不知道他是否做到了仁。"

【注释】①家：周天子或诸侯分封给卿大夫土地、人民，形成一个由卿大夫统治的政治经济实体，这叫作"家"。②赤：即公西赤，字子华，孔子的弟子。

九

子谓子贡曰："女与回也孰愈？"对曰："赐也何敢望回？回也闻一以知十，赐也闻一以知二。"子曰："弗如也；吾与女弗如也。"

【译文】孔子问子贡："你和颜回相比，谁强？"子贡答道："我呀，哪敢和颜回相比？他听了一分道理，能从中推出十分道理。我呢，听了一分道理，只能悟出二分道理。"孔子（慨叹）说："你的确是不如他啊，我同意你说的，是比不上他啊。"

十

宰予昼寝。子曰："朽木不可雕也，粪土之墙不可圬也，于予与何诛？"子曰："始吾于人也，听其言而信其行；今吾于人也，听其言而观其行，于予与改是。"

【译文】宰予大白天睡觉。孔子说："腐烂的木头不能用来雕刻，污秽的土墙不能加以粉刷，对宰予，还能用什么话来责备呢？"孔子又说："起初我看待一个人啊，听了他的话就相信他的行动；现在我对于一个人啊，听了他的话还要观察他的行动，我是因为经过宰予的事情而有这个变化的。"

十一

子曰："吾未见刚者。"或对曰："申枨^①。"子曰："枨也欲，焉得刚？"

【译文】孔子说："我不曾见过刚强不屈的人。"有人答话说："申枨（是这样的人）。"孔子说："申枨这个人呀，私欲太多，怎么会刚强坚贞？"

【注释】①申枨(chéng)：字周，孔子的弟子。

十二

子贡曰："我不欲人之加诸我也，吾亦欲无加诸人。"子曰："赐也，非尔所及也。"

【译文】子贡说："我不愿意别人强加在我身上的事情，我也不想要把它强加给别人。"孔子说："赐呀，这不是你能做到的啊。"

十三

子贡曰："夫子之文章，可得而闻也；夫子之言性与天道^①，不可得而闻也。"

【译文】子贡说："老师传授的有关古代文献的学问，我们可以听到；老师的有关人性和天道的论述，我们就没办法听到了。"

【注释】①天道：先秦时期，"天道"通常指自然的变化及其规律，天道与人类社会吉凶祸福有密切的关系。

十四

子路有闻，未之能行，唯恐有①闻。

【译文】子路听了一个道理，（如果）还没有能实行它，就担心又听到新的道理。

【注释】①有：通"又"。

十五

子贡问曰："孔文子①何以谓之'文'也？"子曰："敏而好学，不耻下问，是以谓之'文'也。"

【译文】子贡问："孔文子这个人凭什么而给他'文'的谥号？"孔子说："他聪敏好学，能向学问、地位比自己低的人请教而不认为羞耻，因此称他为'文'。"

【注释】①孔文子：卫国大夫孔圉(yǔ)，"文"是谥号，"子"是尊称。

十六

子谓子产①，有君子之道四焉：其行己也恭，其事上也敬，其养民也惠，其使民也义。

【译文】孔子评论子产说，子产具有君子的四个方面特点：自己的言行举止庄重谦逊，侍奉君上恭敬谨慎，教养人民多给恩惠，使用民力合乎道义。

【注释】①子产：春秋时郑国的贤相，著名的政治家，姓公孙，名侨，字子产。

十七

子曰："晏平仲^①善与人交，久而敬之。"

【译文】孔子说："晏平仲擅长同别人交往，结交越久，别人越尊敬他。"

【注释】①晏平仲：齐国有名的大夫，做过齐景公的宰相，姓晏，名婴，字仲，"平"是谥号。

十八

子曰："臧文仲居蔡^①，山节藻木兑^②，何如其知也？"

【译文】孔子说："臧文仲收藏一只大乌龟，（给它住的房子）斗拱上雕刻着山岳的形状，短柱上画着藻草的图案，这个人怎么这么聪明呢？"

【注释】①臧文仲：鲁国大夫臧孙辰。"文"，谥号；"仲"，排行。蔡：大龟，以其产于蔡地而得名。古人用龟甲占卜，以大龟为国宝。②节：柱头的斗拱。木兑(zhuō)：屋梁上的短柱。山节藻棁，是天子祖庙的装饰，臧文仲用来装饰龟的住处，是对神的谄媚。

十九

子张问曰："令尹子文三仕为令尹^①，无喜色；三已之，无愠色。旧令尹之政，必以告新令尹。何如？"子曰："忠矣。"曰："仁矣乎？"曰："未知，焉得仁？"

"崔子^②弑齐君，陈文子^③有马十乘，弃而违之。至于他邦，则曰：'犹吾大夫崔子也。'违之。之一邦，则又曰：'犹吾大夫崔子也。'违之。何如？"子曰："清矣。"曰："仁矣乎？"曰："未知，焉得仁？"

【译文】子张问道："令尹子文多次做令尹，脸上不显得高兴；多次被免职，脸上不显出怨恨。（每次免职时）必定把自己原有的政事告诉给新的令尹。由此看来这个人怎么样？"孔子说："可算是忠了。"（子张）问道："能称得上仁吗？"（孔子）说："不知道，就这一点来说哪能称得上仁？"

（子张又问）"崔杼犯上，杀了齐君，陈文子便舍弃了自己所有的四十匹马，离开了齐国到了别国。他到了另一个国家，说：'（这里执政的人）就像我们齐国大夫崔杼。'于是离开这个国家。又到了另一个国家，他又说：'（这里执政的人）就像我们齐国大夫崔杼。'于是又离开。这个人怎么样？"孔子说："可算是清白了。"（子张）问："能称得上仁吗？"孔子说："不知道，就这一点来说哪能称得上仁呢？"

【注释】①令尹子文：楚国宰相，姓斗，名谷於菟(gòu wū tú)，字子文。令尹：官名。春秋、战国时楚国所设，为楚国的最高官职，掌军政大权。②崔子：指崔杼(zhù)，齐国大夫。③陈文子：齐国大夫，名须无。崔杼杀了齐庄公后，他便离开齐国，两年后又回到齐国。

二十

季文子①三思而后行。子闻之，曰："再，斯可矣。"

【译文】季文子每做一件事都要反复考虑多次才行动。孔子听说后，说："考虑两次就行了。"

【注释】①季文子：鲁国大夫，姓季孙，名行父，"文"是谥号。

二十一

子曰："宁武子①，邦有道，则知；邦无道，则愚。其知可及也，其愚不可及也。"

【译文】孔子说："宁武子这个人，在国家政治清明时就显出聪明，国家无道时就装出愚笨的样子。他的聪明别人可以达到，他假装愚笨就没有人比得上了。"

【注释】①宁武子：卫国大夫，姓宁，名俞，"武"是谥号。

二十二

子在陈，曰："归与！归与！吾党之小子狂简，斐然成章，不知所以裁之。"

【译文】孔子在陈国，说："回去吧！回去吧！我故乡的那些青年弟子有进取的远大志向，学问已相当可观，文采扬扬，但不知道怎样节制自己。"

二十三

子曰："伯夷、叔齐不念旧恶①，怨是用希。"

【译文】孔子说："伯夷、叔齐不念以往的仇恨，因此怨恨他们的人就少。"

【注释】①伯夷、叔齐：商纣王时，孤竹国君的两个儿子。孤竹君死后，互相让位，后两人都投奔到周。到周后，反对周武王起兵伐纣。武王灭商后，两人逃避到首阳山，不食周粟而死。

二十四

子曰："孰谓微生高①直？或乞醯②焉，乞诸其邻而与之。"

【译文】孔子说："谁说微生高性格直爽呢？有人向他讨点儿醋，他（不直说自己没有，却暗地里）到邻居家讨点来给那人（以此获得那人的好感）。"

【注释】①微生高：鲁国人，姓微生，名高。②醯(xī)：醋。

二十五

子曰："巧言、令色、足恭，左丘明①耻之，丘亦耻之。匿怨而友其人，左丘明耻之，丘亦耻之。"

【译文】孔子说："甜言蜜语，和颜悦色，过分卑恭，这种人，左丘明认为可耻，我也认为可耻。心里怀着对人的怨恨，表面上却装作把他当成朋友，这种人，左丘明认为可耻，我也认为可耻。"

【注释】①左丘明：鲁国的史官，有人认为就是《左传》的作者。

二十六

颜渊、季路侍。子曰："盍各言尔志？"

子路曰："愿车马衣裘与朋友共，敝之而无憾。"

颜渊曰："愿无伐善，无施劳。"

子路曰："愿闻子之志。"

子曰："老者安之，朋友信之，少者怀之。"

【译文】颜渊、季路侍立在孔子身边。孔子说："你们为什么不谈谈自己的志向呢？"

子路说："我愿拿出自己的车马皮袍和朋友们共同享用，用坏了也没什么遗憾。"

颜渊说："我要不夸耀自己的长处，不表白自己的功劳。"

子路说："希望能听听老师的志向。"

孔子说："（我的志向是）使老年人能够安乐，使朋友们信任我，使年轻人怀念我。”

二十七

子曰：“已矣乎！吾未见能见其过而内自讼者也。”

【译文】孔子说：“行了吧！我没有见过能发现自己的过错就在内心自我责备的人啊。”

二十八

子曰：“十室之邑，必有忠信如丘者焉，不如丘之好学也。”

【译文】孔子说：“在十户人家居住的小地方，也必定会有像我一样忠心诚信的人，只是不如我好学罢了。”

雍也篇第六

共三十章

一

子曰："雍也可使南面。"

【译文】孔子说："冉雍啊，他可以做一方的长官。"

二

仲弓问子桑伯子①。子曰："可也，简。"

仲弓曰："居敬而行简，以临其民，不亦可乎？居简而行简，无乃大简乎？"子曰："雍之言然。"

【译文】仲弓问孔子子桑伯子怎样。孔子说："（他办事）简要不烦琐。"

仲弓说："以严肃认真而办事求简的态度来治理百姓，不也可以吗？（如果）立足于简约省事而办事求简，岂不是太简单了吗？"孔子说："你说得很对。"

【注释】①仲弓：冉雍，字仲弓。子桑伯子：人名，身世不详。

三

哀公问："弟子孰为好学？"孔子对曰："有颜回者好学。不迁怒，不贰过，不幸短命死矣。今也则亡，未闻好学者也。"

【译文】鲁哀公问（孔子）道："在你弟子中，谁最好学？"孔子答道："有个叫颜回的最好学。他不把怒气发泄在别人身上，不重犯同样的错误，不幸的是短命死了。现在啊，没有这样的人了，没听说有好学的人了。"

四

子华使于齐①，冉子为其母请粟。子曰："与之釜②。"请益。曰："与之庾。"

冉子与之粟五秉。

子曰："赤之适齐也，乘肥马，衣轻裘。吾闻之也：君子周急不继富。"

【译文】子华出使到齐国去了，冉有替子华的母亲向孔子请求补贴点小米。孔子说："给她六斗四升。"冉有请求多给一些。孔子说："再给她二斗四升。"

冉有给了她八十石小米。

孔子说："公西赤出使到齐国，乘坐肥壮的马驾的车子，穿着轻暖的皮袍。我听说过这么一句话：君子救济困窘急迫的人，而不应该是给富裕的人增加财富。"

【注释】①子华：公西华，姓公西，名赤，字子华；孔子的弟子。②釜：与下文的庾、秉，皆古代量器名。一釜，合当时的六斗四升（仅够一人一月食用）；庾，合当时的二斗四升；秉，合当时的十六斛（一斛为十斗）。

五

原思为之宰①，与之粟九百，辞。子曰："毋！以与尔邻里乡党乎②！"

【译文】原思在孔子家管家，孔子给他九百（斗或斛）小米，原思推辞

考点大全
论语通译

知识点考点　全方位梳理

最新考试真题　精选汇编

一线专家预测押题　考点题型精准分析

目 录

考点知识点积累

❧❧❧

阅读指导

《论语》是我国古代文献中的一部巨著，是中华民族优秀的文化遗产，对我国几千年的封建政治、思想、文化产生了巨大影响。即使在今天，其精华部分依然为人们所效法。我们在阅读时要特别注意：

一、注意文章形式

《论语》属于语录体散文，内容基本都以对话的形式出现，主要是孔子及其弟子在一起讨论问题的集录，通篇充满争辩、讨论的气氛。这一点很关键，我们在阅读时要注意。

二、把握思想核心

《论语》集中体现了孔子思想、学说的精华，即"仁"，也就是"爱人"。我们在阅读时要注意把握他的"仁爱"思想具体表现在哪些方面。

三、积累文言词汇

学习文言文，首先要掌握和积累一定量的文言词汇。文言文中的基本词汇大多与现代汉语意义相同，这好理解。但有些词，古今意义却发生了变化，阅读时要多加注意。多接触一点文言文，也有助于了解我们民族的历史，继承祖国的文化，陶冶自己的情操。

内容精要

《论语》一书，大概编成于战国初期，是一部记载孔子及其弟子思想、言论和行事的书，是孔子死后，由他的学生及其后学陆续整理、编纂而成的。全书包括《学而》《为政》《八佾》《里仁》《公冶长》等20篇。

《论语》一书反映了孔子的思想，中心是讲做人的道理。为改变当时"天下无道"的局面，恢复社会安定，他提出以"仁"为核心的道德思想体系，并致力于道德教育。孔子主张仁，是希望通过实行仁政，既保护奴隶主的利益，又能够维持奴隶们的生活；孔子主张仁，是要加强人的自我修养，即"非礼勿视，非礼勿听，非礼勿言，非礼勿动"。孔子讲仁的最基本意思是爱别人，即"四海之内，皆兄弟"。在仁学中，他一方面倡导爱人、匹夫不可夺志，提倡独立的人格精神；另一方面又要求以仁为己任，见利思义，见义勇为，把社会责任放在第一位，提出了一个把个人人格与社会责任、社会义务相统一的人生观。

孔子还是一位出色的教育家，在学习和教育方面，他不但给学子们做了表率，也提出了不少宝贵的见解。孔子主张"有教无类"的原则，贯彻"因材施教"的教学方法。他对学生循循善诱、诲人不倦，鼓励年轻人要积极向上。孔子善于用形象思维的方式诱导学生，常常借助日常生活中的常见事例提高学生的学习兴趣，引导学生深入思考问题。孔子鼓励学生要勇于思考问题，将思考问题看作学习的一部分。孔子提倡教学相长，非常喜欢与学生相互切磋，讨论问题。

作者简介

孔子（公元前551-前479年），名丘，字仲尼，春秋末期鲁国人。是儒家学派的创始人，公认为世界文化名人之一。他一生周游列国，宣传自己的政治主张，他主张仁义，主张以德服人，反对残暴统治，反对武力征伐，同情人民疾苦，具有一定的开明态度。孔子学说成为封建文化的正统，影响极大，被尊为圣人。他在晚年整理《诗》《书》等古代文献，并把鲁国史官所记《春秋》加以删修，成为我国第一部编年体历史著作。

人物画廊

孔子

孔子学说的核心是"仁",即"爱人"。他提倡自爱和爱人,主张"有教无类"的原则,贯彻"因材施教"的教学方法。他对学生循循善诱、诲人不倦,鼓励年轻人要积极向上。孔子对天命持谨慎态度,他更相信人自己的力量。在人际交往中,孔子强调的是忠诚和宽恕,他自己就常坦言自己这方面或那方面不如自己的弟子。为政治国,孔子重视民生疾苦,呼唤仁政,希望统治者以仁义之心待民。但是他在礼乐制度上主张复古,轻视妇女,轻视劳动等。

子路

子路姓仲,名由,是孔子的著名弟子,"孔门十哲"之一。他出身微贱,性格耿直,有时近乎鲁莽,在众弟子中以勇猛著称。子路经常跟随孔子之后,时时保护孔子。他很敬重孔子,但也敢于向孔子公开提出不同意见。

颜回

颜回字子渊,又号颜渊,孔子的优秀学生,后人尊颜回为"复圣"。他天资聪明,性情温良,贫而好学,乐而忘忧。他孜孜不倦地学习孔子的渊博知识，持之以恒，从不满足。

曾参

曾参字子舆，名参，尊称曾子，后世尊他为"宗圣"。他每日按孔子的教诲三省其身，注重言传身教。言必行，行必果，为人处世认真严谨，并极其孝顺。

艺术特色

《论语》是诸子散文的早期代表作品。它能在简短的记言、记事中，生动地刻画孔子及其门徒的音容笑貌、性格特征，具有鲜明的艺术特色和风格。

一、《论语》善于借助人物个人简短的语言突出人物自己的性格特点

如《述而》章："子曰：'饭疏食，饮水，曲肱而枕之，乐亦在其中矣。不义而富且贵，于我如浮云。'"即是说，吃粗粮，喝凉水，曲着胳膊当枕头睡觉，说明物质条件极端贫乏。但孔子面对这种处境，不仅能处之泰然，非常高兴，且能不为物欲引诱，将以不仁义的手段获取的富贵，看作轻如浮云而不取，这是难能可贵的。

二、《论语》的语言艺术也是相当出色的

1.多样化。即句子灵活多变，有长句，也有短句。从一字

句到十几字的句子，无所不备。如《八佾》章："林放问礼之本。子曰：'大哉问礼，与其奢也，宁俭；丧，与其易也，宁戚。'"这种多变的句式，使人感觉到文章的通灵、活泼、生气盎然。

2.形象化。《论语》善于将抽象的道理，借助具体的日常事物，形象化地表述出来。如《子罕》章中，借"岁寒，然后知松柏之后凋也"说明只有经过艰苦的考验，才能检验出一个人坚贞不屈的品质。

3.哲理化。以简单的事物，说明深刻的道理。如："子曰：'譬如为山，未成一篑，止，吾止也。譬如平地，虽覆一篑，进，吾往也。'"（《论语·子罕》）其道理在于，成就再大，也需从小处做起。事业的成功与失败，皆在于自己，而不在他人。

4.格言化。由于《论语》语言的形象化，哲理化，既通俗明白，平易畅达、朴实无华，又深入浅出、言简意赅、意味深长。一方面，具备艺术感染力；另一方面，对生活具有相当的指导意义。如"君子坦荡荡，小人长戚戚"（《论语·述而》）、"志士仁人，无求生以害仁，有杀身以成仁"（《论语·卫灵公》）、"工欲善其事，必先利其器"（《论语·卫灵公》）等，不胜枚举。

三、《论语》的体例属于早期的语录体散文

《论语》对事情的论述往往是随感而发，缺乏一定的系统性、完整性，让人感到凌乱无序。但是，这种体例自有它的优点。一是口语化，明白易懂；二是格言化，意味深长；三是对

话能够体现出人的性格、品质，甚至气质。

好词好句

1. 德不孤，必有邻。——《论语·里仁》

2. 君子食无求饱，居无求安，敏于事而慎于言，就有道而正焉，可谓好学也已。——《论语·学而》

3. 不患人之不己知，患不知人也。——《论语·学而》

4. 子谓——《韶》："尽善矣，尽美矣。"——《论语·八佾》（尽善尽美）

5. 己所不欲，勿施于人。——《论语·颜渊》

6. 过而不改，是谓过已。——《论语·卫灵公》

7. 发奋忘食，乐以忘忧，不知老之将至云尔。——《论语·述而》

8. 三军可夺帅也，匹夫不可夺志也。——《论语·子罕》

9. 知者乐水，仁者乐山。知者动，仁者静。知者乐，仁者寿。——《论语·雍也》

10. 巧言令色，鲜矣仁。——《论语·学而》

11. 见贤思齐焉，见不贤而内自省也。——《论语·里仁》

12. 君子坦荡荡，小人长戚戚。——《论语·述而》

13. 君子不可小知而可大受也，小人不可大受而可小知也。——《论语·卫灵公》

14.自古皆有死，民无信不立。——《论语·颜渊》

15.文质彬彬，然后君子。——《论语·雍也》

16.不在其位，不谋其政。——《论语·泰伯》

17.君子不以言举人，不以人废言。——《论语·卫灵公》

18.益者三友：友直、友谅、友多闻。——《论语·季氏》

19.君子喻于义，小人喻于利。——《论语·里仁》

20.君子不器。——《论语·为政》

21.知者不惑，仁者不忧，勇者不惧。——《论语·子罕》

22.古之学者为己（所谓为己之学），今之学者为人。——《论语·宪问》

23.见义不为，无勇也。——《论语·为政》

24.岁寒，然后知松柏之后凋也。——《论语·子罕》

25.孝弟（tì悌）也者，其为仁之本与。——《论语·学而》

26.温故而知新，可以为师矣。——《论语·为政》（温故知新）

27.朝闻道，夕死可矣。——《论语·里仁》

28.吾日三省吾身：为人谋而不忠乎？与朋友交而不信乎？传不习乎？——《论语·学而》

29.名不正，则言不顺；言不顺，则事不成。——《论语·子路》

30.人而无信，不知其可也。——《论语·为政》

31.躬自厚而薄责于人，则远怨矣。——《论语·宪问》

32.学而时习之，不亦说乎？有朋自远方来，不亦乐乎？人不知而不愠，不亦君子乎？——《论语·学而》

33.过也，人皆见之；更也，人皆仰之。——《论语·子张》

34.其身正，不令而行；其身不正，虽令不从。——《论

语·子路》

35.吾十有五而志于学，三十而立，四十而不惑，五十而知天命，六十而耳顺，七十而从心所欲，不逾距。——《论语·为政》

36.往者不可谏，来者犹可追。——《论语·微子》

37.不愤不启，不悱不发；举一隅不以三隅反，则不复也。——《论语·述而》（举一反三）

38.知之者不如好之者，好之者不如乐之者。——《论语·雍也》

39.不患寡而患不均，不患贫而患不安。——《论语·季氏》

40.工欲善其事，必先利其器。——《论语·卫灵公》

41.当仁不让于师。——《论语·卫灵公》

42.无欲速，无见小利。欲速则不达，见小利则大事不成。——《论语·子路》

43.学而不思则罔，思而不学则殆。——《论语·为政》

44.知之为知之，不知为不知，是知也。——《论语·为政》

45.君子成人之美，不成人之恶。——《论语·颜渊》

46.不义而富且贵，于我如浮云。——《论语·述而》

47.士不可以不弘毅，任重而道远。——《论语·泰伯》

48.己欲立而立人，己欲达而达人。——《论语·雍也》

49.仁远乎哉？我欲仁，斯仁至矣——《论语·述而》

50.志士仁人，无求生以害仁，有杀生以成仁。——《论语·卫灵公》（杀身成仁）

51.君子不重则不威，学则不固。主忠信。无友不如己者，过

则勿惮改。——《论语·学而》

读后感

修身养性的经典

——读《论语·学而篇》有感

《学而》是《论语》的第一篇，共包括16章，涵盖诸多方面的内容，从学习到道德修养，从孝悌到忠信，从君子到君主其实讲的全部是做人的道理。虽为"学而"，但并不仅局限于学习知识，更多的是强调个人品德的修养。在孔子看来，知识在于其次，最重要的在于做人。

"人不知而不愠"，别人不理解我，但我并不怨恨、恼怒。因为别人的不了解而愤愤不平，争吵不休，实际是缺乏气度与自信的表现。别人不理解我而出言讽刺，我不与之争，也不怨恨之，只是淡然一笑，你有你的理解，我有我的坚持，如此而已。要做到举世而非之而不加沮，正需要这样的超然与坚持。人不知而不愠，不仅是一种大度，更是一种对自身所坚持之道的自信与坚守。

"子曰：巧言令色，鲜仁矣"。花言巧语，装出和颜悦色的样子，这种人的仁心就很少了。"仁"是儒家学说的核心，儒家崇尚质朴，反对花言巧语；主张说话应谨慎小心，说到做到，先做后说，反对说话办事随心所欲，只说不做，停留在口头上。孔子的儒家思想重视人的实际行动，尤其强调人应该言行一致。但是，当今社会，情况却往往不是这样，巧言令色、长袖善舞的人，越来越多，人们似乎早已习惯了这样一种浮夸的表现方式，渐渐将中华民族传统的踏实、质朴的精神抛诸脑后，"仁心"则更不必说。在我们夸夸其谈的背后，藏着的究竟是难填的欲壑还是真心诚意？撕下我们挂在脸上的面具，摘掉强作的笑颜，一张张疲惫而冷漠的面孔背后，还有一颗空洞的心。我们在今天读《论语》就应该抛开尘世烦扰，摒弃花言巧语，寻找生活在当今社会中的我们所渐渐丧失的"仁心"。

"曾子曰：吾日三省吾身。为人谋而不忠乎？与朋友交而不信乎？传不习乎？"这句话的意思是"我每天多次反省自己，为别人办事是不是尽心竭力了呢？同朋友交往是不是做到诚实可信了呢？老师传授给我的学业是不是复习了呢？"且不说要我们以竭心尽力、诚实可信、学而时习之来要求自己，当今的我们，又有几人能够每天沉心静气，思考自己一天的作为？忙碌似乎是没有时间反思自己的最好借口，我们看似每天在为理想奋斗，但其实却有很多人在不知所谓的忙碌中虚掷了青春。我们是不是应该问问自己，忙的究竟是不是自己想要做的？是不是顺应内心的？今天，我们也许真的做不到曾子的要求，但我们至少应该在脚步匆匆之际，抽出片刻，反省一下自我，调整一下忙碌的方向，让自己的目标更明确。

子贡曰："贫而无谄，富而无骄，何如？"子曰："可也。未若贫而乐，富而好礼者也。"贫穷而不谄媚需要无尽的骨气及傲气，富有而不骄傲自大则只有真正谦虚的人才能做到，贫贱不能移，富贵不能淫，做到这两点已属不易，更何况安贫乐道、富而好礼？不戚戚于贫贱，不汲汲于富贵，像颜回那样"一箪食，一瓢饮"的又有几人？在如今物欲横流的社会里，我们是否能够耐得住寂寞，不趋炎附势、沽名钓誉？我想，这些都是我们在阅读《论语》的过程中应该反思、拷问自己的问题。

"无友不如己者，过则勿惮改"。不要同与自己不同道的人交朋友；有了过错，就不要怕改正。道不同不相为谋，与志同道合之人交朋友能够激发我们实现目标的动力。自己有了过错，首先想到的不应该是纹饰、狡辩，而是改正。过而能改，善莫大焉。改正过错不是没用无能，反而是大智大勇的体现。只有能正视错误并勇于改正的人，才能够寻找到生活与学习的真谛。

"夫子温良恭俭让"。温顺、善良、恭敬、俭朴、谦让。这是孔子的学生对他的赞誉，这五条是我们中华民族的传统美德，传承到如今虽然表面上还在被大家赞誉，但其实很多人的内心并不以为然，认为现在还这样是会吃亏的。但我觉得，这五种品德，体现了人的本性之美，不论到什么时候都是我们修身养性的标准，是我们应该继续传承下去的美德。

《论语》学而篇的十六章每一章都给人以深刻的思考，在我们现在更侧重于知识学习而忽视品德修养的时代，更能给我们带来启示。我们应该静心沉入其中，远离尘嚣，返璞归真，寻找圣人留给我们的生活、学习之真谛。

专家命题　模拟演练

一、填空题

1.《论语》是_____经典著作，是记录孔子及其弟子言行的_____（体裁）著作。它与《_____》《_____》《_____》合称为四书，共二十篇。孔子，名丘，字仲尼，_____鲁国人。我国古代伟大的_____家、_____家，儒家学派创始者。

2.《〈论语〉十二章》中认为能保持君子风格的一句话是：

　　　　　　　　　　　　　　　　　　　　　　　　　

3.《〈论语〉十二章》谈"学"与"思"的辩证关系的句子是：

　　　　　　　　　　　　　　　　　　　　　　　　　

4.唐太宗有一句名言，"以人为鉴，可以知得失"。由此可以联想到《〈论语〉十二章》中孔子的话：

　　　　　　　　　　　　　　　　　　　　　　　　　

5.在学习上，兴趣是最好的老师，正如孔子所说：

　　　　　　　　　　　　　　　　　　　　　　　　　

6.孔子论述个人修养的句子：_____，_____。

7.孔子论述学和思辩证关系的句子：_____，_____。

8.孔子认为只要虚心求教到处都有老师的句子：_____，

_____。

9.孔子所提倡的儒家待人接物处世之道的句子：_____

_____，_____。

10.孔子论述新旧知识联系的句子是：_____。

11.孔子认为要实事求是，不要不懂装懂的句子：_____，

_____，_____。

12.曾子认为"士"应当具有的品质和责任是：_____，

_____。

二、阅读题

（一）阅读下面《论语》选段，回答问题。

子①曰："学而时习之，不亦说②乎？有朋自远方来，不亦乐③乎？人不知而不愠④，不亦君子⑤乎"（《论语·学而第一》）

【注释】①子：中国古代对有地位、有学问的男子的尊称，有时也泛指男子。②说：通"悦"。③乐：快乐。④愠：怨恨，生气。⑤君子：指有道德的人，有时也指有地位的人。

（1）下列各项是对上面选段内容的理解，不正确的一项是（　　）

A.本章提出以学习为乐事，做到"人不知而不愠"。

B.反映出孔子学而不厌、诲人不倦、注重修养、严格要求的主张。

C"有朋自远方来"之所以"乐"，是因为会友既有益于切磋学问，又有益于健康。

D. 孔子认为，君子学习是为了充实自己，小人学习是为了显示自己，因此只有君子才能做到"人不知而不愠"。

（2）结合上面的选段，你认为这几段都体现了孔子的什么思想？

"不患人之不己知，患不知人也"。（《论语·学而第一》）

"不患人之不己知，患其不能也"。（《论语·宪问第十四》）

"君子病无能焉。不病人之不己知也"。（《论语·卫灵公第十五》）

_____

_____

_____

_____

（二） 阅读下面《论语》选段，回答问题。

有子曰："其为人也孝弟，而好犯上者，鲜矣；不好犯上，而好作乱者，未之有也。君子务本，本立而道生。孝弟也者，其为仁之本与？"（《学而》）

子游问孝。子曰："今之孝者，是谓能养。至于犬马，皆能有养。不敬，何以别乎？"（《为政》）

（1）下列对选段理解分析不正确的是（　　　）

A.仁道宽广，不易把握，有子教人致力于实践孝悌之德，指点人们从切近处把握实践仁德的方法，这样做比较容易见效。

B.孔子从社会政治关系的角度谈孝悌，他认为，行孝悌能大大减少"犯上作乱"行为的发生，有助于维护政治的安定。

C.孔子认为，孝悌是仁德的根本，只要能行孝悌，就能成为君子，并能掌握治国之道。可见，他提倡以孝悌治天下。

D.孔子认为，子女孝养父母时，除了满足父母物质方面的需求之外，更应表现出敬爱的情意，这样才算能尽孝道。

（2）孔子又说："君子笃于亲，则民兴于仁。"请结合上面选段，简要谈谈"孝悌"与"仁"的关系。

_____

_____

_____

_____

（三）阅读下面《论语》选段，回答问题。

曾子①曰："吾日三省②吾身：为人谋而不忠乎？与朋友交而不信乎？传③不习乎？"（《论语·学而第一》）

【注释】①曾子：姓曾，名参，字子舆，是曾皙之予，孔子之弟子，比孔子小四十六岁。其弟子也尊称曾参为"子"。②三省（xǐng）：多次反省。③传：老师传授的知识、学问。

（1）下列各项是对上面选段内容的理解，不正确的一项是（　　）

A.本章所讲的"自省"，是自我修养的基本方法。

B.曾子认为答应了别人的事情就不能出尔反尔，对人要真诚。

C.曾子这里所讲的"信"有两个涵义：一是信任，二是信用。其内容是朋友之间要诚实不欺，说真话，说话算数。

D.本章中曾子提出了"忠"和"信"的范畴，就是替人办事要尽心竭力，与朋友相交要真实守信，这是一个人立身处世的基石。

（2）结合上面的选段，你认为下面选段体现了孔子的什么观点？

子夏①曰："贤贤易色②；事父母，能竭其力；事君，能致其身③；与朋友交，言而有信。虽曰未学，吾必谓之学矣。"（《论语·学而第一》）

【注释】①子夏：孔子的学生。②贤贤易色：看重贤德而轻视表面的姿态。③致其身：致，献出，尽力。这里指把生命献给国君。

_____

_____

_____

_____

（四）阅读下面《论语》选段，回答问题。

子曰："道千乘之国，敬事而信。节用而爱人，使民以时。"

（1）下列各项中，对选段理解不正确的一项是（　　）

A．"敬事而信"，要求执政者严肃认真地办理国家各方面事务，信任老百姓。

B．"节用而爱人"就是执政者要节约用度，爱护下属人民。体现了孔子的政治理想。

C．"使民以时"，施政应立足于百姓，充分考虑人民利益，役使百姓应该不违背农时。

D. 孔子从三个方面阐述了治理国家的基本原则，其基本思想仍是"为政以德"。

（2）上面语段谈的是治国原则，请你说说在下面这段话里，孔子又对执政者提出了什么要求，跟上面语段珠地方在哪里？

子路问政。子曰："先之劳之。"曰："无倦。"

_____

_____

_____

_____

（五）阅读下面《论语》选段，回答问题。

子曰："弟子入则孝，出则弟，谨而信，汎爱众，而亲仁，行有余力，则以学文。"

（1）下列对选段理解和分析不正确的一项是（　　）

A. 孔子认为，年轻人出门在外就要孝顺父母，在父母身边就要敬爱兄长。

B. 孔子告诫年轻人做事要谨慎，说话要诚实，要广泛爱护众人，亲近有仁德的人。

C. 本章孔子要求弟子们首先要致力于孝悌、谨信、爱众、亲仁，培养良好的道德观念和道德行为，如果还有闲暇时间和余力，则用以学习古代典籍，增长文化知识。

D. 孔子作为教育家，主张德育第一位，智育第二位。孔子的这种要求，反映孔子以道德教育为中心的教育思想，这种思想在今天仍具有十分重要的现实意义和积极作用。

（2）结合上面的选段，你认为这两段共同体现了孔子的什么思想？

_____

_____

_____

_____

_____

（六）阅读下面《论语》选段，回答问题。

子曰："君子不重则不威；学则不固。主忠信。无友不如己者；过则勿惮改。"

（1）下列对选段理解和分析不正确的一项是（　　　）

A.孔子认为君子要做到端庄严肃，让人肃然起敬，就必须要稳重，否则便没有威严。

B."学则不固"的意思是"君子要重视学习，开阔视野，吸收新知，才不至于孤单。"

C.君子应当把尽忠守信放在主要位置，慎重交友，不要与和自己不同道的人交朋友，而要结交志同道合的朋友，益于进德修业。

D.君子要做到有错必改，不文过饰非。

（2）结合上面选段，分析这两段体现的孔子的观点的不同之处。

有子曰："信近于义，言可复也；恭近于礼，远耻辱也；因不失其亲，亦可宗也。"

_____

_____

_____

_____

_____

（七）阅读下面《论语》选段，回答问题。（《创新设计》）

有子曰："礼①之用，和为贵。先王之道，斯为美，小大由之。有所不行，知和而和，不以礼节之，亦不可行也。"（《论语·学而》）

【注释】①礼：在春秋时代，"礼"泛指奴隶社会的典章制度和道德规范。这里的"礼"，既指"周礼"中的礼节、仪式，也指人们的道德规范。

（1）下列对上面选段内容的理解，不正确的一项是（　　）

A.有子提出"礼之用，和为贵"，意思就是说，礼最重要的作用就是实现"和"。儒家思想是十分强调"礼"的，而"礼"的运用，又以和睦为贵。

B.选段中的"小大由之"，是总结上文。这里的"由之"是"遵循这个原则"的意思；儒家认为："礼"是为了"和"，"和"最重要，凡事都要讲和谐。

C.儒家既强调"礼"的运用以"和"为贵，又指出不能为

"和"而"和"，要以"礼"节制之，可见孔子提倡的"和"并不是无原则的调和。

D."和"是儒家所特别倡导的伦理、政治和社会原则。儒学"礼之用，和为贵"的思想，表明"礼"的最高境界和最高目标，就是创造人与人之间的和谐乃至全社会的和谐。

（2）孔子也曾说过"君子和而不同，小人同而不和"，请结合上面的选段，简要说说你对这句话的理解。

_____

_____

_____

_____

（八）阅读下面《论语》选段，回答问题。

有子曰："礼之用，和为贵。先王之道，斯为美。小大由之，有所不行。知和而和，不以礼节之，亦不可行也。"

子贡曰："贫而无谄，富而无骄，何如？"子曰："可也。未若贫而乐，富而好礼者也。"子贡曰：《诗》云，'如切如磋！如琢如磨'，其斯之谓与？"子曰："赐也！始可与言《诗》已矣，告诸往而知来者。"

（1）下列对选段理解和分析不正确的一项是（　　　　）

A.有子说："礼的运用，以和谐为贵，凡事都要做到恰到好处。古代君王的治国方法，宝贵的地方就在这里。"

B.有子认为，事无巨细都要按照和谐的办法去做，否则就行不通。

C.在孔子看来，贫穷而能不谄媚，富有而能不骄傲自大的人，还不如虽贫穷却乐于道，虽富裕而又好礼的人。

D.子贡能独立思考、由一知二，因而得到了孔子的称赞。

（2）"和"是孔子所特别提倡的伦理、政治和社会原则。其具有什么特点？

_____

_____

_____

_____

_____

（九）阅读下面《论语》选段，回答问题。

子曰："君子食无求饱，居无求安，敏于事而慎于言，就有道而正焉，可谓好学也已。"　　（《论语·学而》）

（1）对上面这个选段内容理解不正确的一项是（　　　　）

A.孔子认为对物质生活不能太讲究，有饭吃、有地方住就行了；而在精神上要不断地追求道德完善。

B.在为人处事方面，孔子认为做人要脚踏实地，做事要勤快机敏，说话要谨慎，莫轻率，要经过思考。

C.孔子认为在人际交往方面，要接近仁道，不断地匡正自己，使自己成为正人君子，获得生活的满足和精神快乐。

D.孔子说的这段话看起来简单，实际上却概括了对君子各方面的要求，这些都学到就能达到儒家精神所要求的境界了。

（2）结合上面选段，联系实际，谈谈你对"饭疏食饮水，曲肱（弯着胳膊）而枕之，乐亦在其中矣"（《论语·述而》）

这句话所表现的孔子思想的理解。

_____

_____

_____

_____

（十）阅读下面两段文言文，回答问题。

孟子曰："孔子登东山而小鲁，登泰山而小天下。故观于海者难为水，游于圣人之门者难为言。观水有术，必观其澜。日月有明，容光必照焉。流水之为物也，不盈科不行；君子之志于道也，不成章不达。"——《孟子·尽心上》

子贡曰："贫而无谄，富而无骄，何如？"子曰："可也。未若贫而乐，富而好礼者也。"子贡曰："诗云：'如切如磋？如琢如磨。'其斯之谓与？"子曰："赐也，始可与言诗已矣！告诸往而知来者。"——《论语·学而》

（1）下列各项对上面选段内容的理解，不正确的一项是（　　）

A.孟子认为"观水有术"，由"流水不填满地上的坑坑洼洼，是不会前进的"这一情况推及君子，指出"君子之志于道也，不成章不达"。

B.孟子指出的"观于海者难为水，游于圣人之门者难为言"涵义与诗句"曾经沧海难为水，除却巫山不是云"一致。

C.孔子认为"贫而无谄，富而无骄"的境界不如"贫而乐，富而好礼"的境界。

D.子贡虽不能理解《诗经》中"如切如磋，如琢如磨"这句话的意思，但孔子仍然认为可以与他谈论《诗经》了。

（2）孟子的"君子之志于道也，不成章不达"和孔子的"告诸往而知来者"这两句话，各告诉我们有关学习的什么道理？

孟子认为：

_____

_____

_____

_____

孔子认为：

_____

_____

_____

_____

（十一）阅读下面《论语》选段，回答问题。

子贡曰："贫而无谄，富而无骄，何如？"子曰："可也。未若贫而乐，富而好礼者也。"子贡曰：《诗》云，'如切如磋！如琢如磨'，其斯之谓与？"子曰："赐也！始可与言《诗》已矣，告诸往而知来者。"

（1）下列各项中，对上面《论语》选段的理解，不正确的一项是（　　）

A.孔子希望他的弟子以及所有的人们，都能够达到贫而乐道、富而好礼这样的理想境界。

B.孔子认为，贫而乐道，富而好礼，社会上无论贫或富都能做到各安其位，便可以保持社会的安定了。

C.孔子对子贡所说的贫穷而且能保持骨气，富贵而且能不骄横的人，持反对态度。

D.孔子对子贡比较满意，在这段对话中可以看出，子贡能独立思考、举一反三，因而得到孔子的赞扬。这是孔子教育思想中的一个显著特点。

（2）子曰："富与贵，是人之所欲也，不以其道得之，不处也；贫与贱，是人之所恶也，不以其道得之，不去也。结合上面选段，请简要说明你对"贫富"的理解。

_____

_____

_____

_____

参考答案

专家命题 模拟演练

一、填空题

1.儒家 语录体 大学 中庸 孟子 春秋末期 思想 教育

2.人不知而不愠,不亦君子乎?

3.学而不思则罔,思而不学则殆。

4.择其善者而从之,其不善者而改之。

5.知之者不如好之者,好之者不如乐之者。

6.人不知而不愠,不亦君子乎?

7.学而不思则罔,思而不学则殆。

8.三人行,必有我师焉。

9.己所不欲,勿施于人。

10.温故而知新。

11.知之为知之,不知为不知,是知也。

12.士不可以不弘毅,任重而道远。

二、阅读题

(一)

(1) C(本题考查的是孔子有关教育思想观点的分析与理解。C项应该是"有朋自远方来"之所以"乐",是因为会友既有益于切磋学问;又有益于修养道德。)

（2）这几段都体现了孔子"人不知而不愠，不亦君子乎"的思想。孔子是我国的大教育家，提出以学习为乐事、注重修养、严格要求的主张，认为只有真正做到"人不知而不愠"，才是君子。

（二）

（1）C（行孝悌是成为君子的必要条件而非充要条件）

（2）孔子认为，君子如果厚待亲族，老百姓就会按仁德来行动。而厚待亲族的最好做法是行孝悌。孔子、有子师徒俩均把孝悌当作实践仁德的根本之道，希望能由亲情生发出仁爱之心，并推而广之，使人们懂得忠君敬上，"泛爱众"。

（三）

（1）B（本题考查的是对以孔子为代表的关于如何做人的儒家思想的理解。B项"不能出尔反尔，对人要真诚"有误，这里把"忠"与"信"的范畴完全等同起来了。）

（2）本章进一步体现了孔子教育以德为先的观点。

（解析）本题考查对孔子教育思想的分析与理解。孔子十分重视个人的道德修养，以求塑造成理想人格。子夏继承孔子的思想，认为判断一个人有没有学问及其学问的好坏，主要不是看他的文化知识，而是看他的道德修养。这是孔子教育重在德行的思想之具体体现。

（四）

（1）A（讲的是统治者要恪守信用）

（2）孔子认为执政者要带头（先之）、勤勉（劳之），办事不懈怠（无倦）。

相同的地方就是做事要勤勉认真，即"敬事"和"劳之""无倦"。

（五）

（1）A（年轻人在父母身边就要孝顺父母，出门在外就要敬爱兄长。）

（2）孔子学说的核心是"仁"，仁的根本是孝悌。这两段都体现出孔子的"孝悌"思想。他的这一思想对民众的道德观念、道德行为甚至对整个中国传统文化都产生了深刻的影响。

（六）

（1）B（"学则不固"的意思是"君子要重视学习，开阔视野，吸收新知，才不至于孤陋寡闻。"）

（2）这两段体现的孔子思想有所不同，上一段体现的是孔子提出的有关君子人格塑造的四个基本原则；而本章阐述的则是为人处世的两个重要原则——"信"和"恭"，"信"合乎"义"，"恭"要合乎于"礼"，这两个原则虽然低于"仁"的要求，但也是十分重要的。

（七）

（1）B（"凡事都要讲和谐"与下文的主张相违背。）

（2）君子在人际交往中能与别人保持和谐的关系，但对事情的看法却不盲目附和；而小人习惯于迎合别人的心理，附和别人的言论，不讲求原则，但在内心深处却并不抱有一种和谐友善的态度。"同而不和"不可能导致真正的和谐，只有"和而不同"才是正确的致"和"之道。（言之有理即可）

（八）

（1）B（只顾按和谐的办法去做，有时行不通）

（2）孔子既强调礼的运用以和为贵，又指出不能为和而和，而要以礼加以节制，可见孔子提倡的和并不是无原则的调和，这是有其合理性的。

（九）

（1）　C（①"孔子认为要接近仁道"有误，应是要接近有才有德之人。②"获得生活的满足"有误，获得的应是道德和精神方面的。）

（2）答案示例：孔子极力提倡"安贫乐道"，认为君子不应总是为自己的物质享受而奔波，更重要的是追求精神的完善。这在当前还有教育意义，现在物质比古人丰富了，但也不能过分追求物质享受。

（十）

（1）D（子贡能理解《诗经》中"如切如磋，如琢如磨"这句话的意思，他已经可以举一反三了。）

（2）孟子认为：学习应当积累，积累到一定程度就能由此及彼，通达事理（或：触类旁通）。

孔子认为：学习要举一反三，融会贯通。

（十一）

（1）C. 不反对这种人。

（2）言之成理则可。例：追求富贵无可非议，但须取之有道；人要努力改变贫穷状态。

一册在手　考试无忧

知识点考点　全方位梳理

最新考试真题　精选汇编

一线专家预测押题　考点题型精准分析

扫一扫 更精彩

不肯接受。孔子说："不要推辞了，拿它去把它分点儿给你的邻里同乡吧。"

【注释】①原思：人名，姓原，名宪，字子思；孔子的弟子。宰：官名，殷代始置，掌管家务和家奴。春秋时沿用，卿大夫总管家务的家臣，卿大夫所属私邑的长官，也都称"宰"。②邻里乡党：都是古代居民组织的名称，五家为邻，二十五家为里，一万二千五百家为乡，五百家为党。

六

子谓仲弓，曰："犁牛之子骍且角^①，虽欲勿用，山川其舍诸^②？"

【译文】孔子讲到仲弓，说："耕牛所生的一头牛犊，毛色通红，两角端正饱满，虽想不用它做祭祀，难道山川之神会舍弃（享用）它吗？"

【注释】①骍（xīng）：本义是赤色马，这里只指赤色。②本章旨意，有两种理解。一说仲弓的父亲地位低贱，而其本人却是"可使南面"的人才；此章以耕牛为喻，耕牛虽不可作为牺牲用来祭祀，但其子若够条件用作祭祀，山川之神还是会接受的。用以说明像仲弓这样的人才，不能因其父亲低贱而舍弃不用。一说仲弓有治民的才干，曾任季氏的总管，但他对于选贤举才标准太严，故孔子以此晓谕之。两说实有相通之处，即选用人才，一要就实论事，二要坚持标准。今从前说。

七

子曰："回也，其心三月不违仁，其余则日月至焉而已矣。"

【译文】孔子说："颜回呀，他的思想长时间不离开仁，其余的人（心里想着仁的时间）不过一天或个把月那么短暂罢了。"

八

季康子①问："仲由可使从政也与？"子曰："由也果，于从政乎何有？"

曰："赐②也可使从政也与？"曰："赐也达③，于从政乎何有？"

曰："求也可使从政也与？"曰："求也艺，于从政乎何有？"

【译文】季康子问孔子说："可以让仲由从政吗？"孔子说："仲由呀，办事果断，从政有什么困难呢？"

又问："端木赐能让他从政吗？"孔子说："端木赐呀，他能通达人情事理，从政有什么困难呢？"

又问："冉求能让他从政吗？"孔子说："冉求呀，他多才多艺，从政有什么困难呢？"

【注释】①季康子：鲁国贵族，曾做鲁国正卿。②赐：端木赐，姓端木，名赐，字子贡，孔子的弟子。③达：通事理。

九

季氏使闵子骞为费①宰。闵子骞曰："善为我辞焉！如有复我者，则吾必在汶②上矣。"

【译文】季氏派人召闵子骞，要让闵子骞担任他封地费邑的长官。闵子骞（对来人）说："好好地婉言谢绝吧！如果再来找我，那我就一定要躲到汶水北边（的齐国）去了。"

【注释】①闵子骞：孔子的弟子，姓闵，名损，字子骞。费(bì)：邑名，故城在今山东省费县西北。②汶(wèn)：河流名，即今山东大汶河，当时流经齐、鲁两国的交界处。

十

伯牛①有疾，子问之，自牖执其手，曰："亡之，命矣夫！斯人也而有斯疾也！斯人也而有斯疾也！"

【译文】伯牛得了重病，孔子去探望他，从窗口伸进手去，握着伯牛的手（痛惜地）说："不行了，命里注定的吧！这样的人竟得了这样的病！这样的人竟会得这样的病！"

【注释】①伯牛：孔子的弟子，姓冉，名耕，字伯牛。

十一

子曰："贤哉，回也！一箪食①，一瓢饮，在陋巷，人不堪其忧，回也不改其乐。贤哉，回也！"

【译文】孔子说："多么贤德啊，颜回！一竹桶饭，一瓢水，住在破旧狭小的巷子里，别人忍受不了那（清苦带来的）忧愁，而颜回却不改变他（修学求道）的乐处。多么贤德啊，颜回！"

【注释】①箪(dān)：盛饭的圆形竹器。

十二

冉求曰："非不说子之道，力不足也。"

子曰："力不足者，中道而废，今女画。"

【译文】冉求（对孔子）说："我不是不喜欢您的学说，只是我能力不够。"

孔子说："如果能力不够，至少走到中途走不动了才停下来，而现在你是自己划定了一个界限（不肯向前走了）。"

十三

子谓子夏曰:"女为君子儒①,无为小人儒。"

【译文】孔子对子夏说:"你要做一个有道德修养的君子式的学者,不要做缺少道德修养的小人式的学者。"

【注释】①儒:读书的人,儒生、学者。

十四

子游为武城①宰。子曰:"女得人焉耳乎?"曰:"有澹台灭明②者,行不由径,非公事,未尝至于偃之室也。"

【译文】子游做武城的长官。孔子问他:"(在这里)你发现了人才没有?"(子游)说:"有个叫澹台灭明的人,(他处事行正道)走路不走偏斜小路,不为公事从来不曾到过我屋里。"

【注释】①武城:鲁国的一个小城邑,位于今山东费县境内。②澹台灭明:武城人,姓澹台,名灭明,字子羽;后来成为孔子的弟子。

十五

子曰:"孟之反①不伐,奔而殿②,将入门,策其马,曰:'非敢后也,马不进也。'"

【译文】孔子说:"孟之反不喜欢自我夸耀,军队败退时,他殿后掩护,将入城门时,(故意)鞭打着马,说:'不是我敢在最后面走,是马不肯往前跑。'"

【注释】①孟之反:鲁国大夫,名侧,字之反。②奔而殿:奔,逃跑;

殿，殿后。鲁哀公十一年（前484），鲁国与齐国打仗，鲁国右翼军败退时，孟之反在最后掩护。

十六

子曰："不有祝鱼它之佞①，而有宋朝之美②，难乎免于今之世矣。"

【译文】孔子说："要是没有祝鱼它那样善辩的口才，仅有宋朝那样的美貌，恐怕在当今社会里是难免受害了。"

【注释】①祝(tuó)：卫国人，字子鱼，以口才著称。②宋朝：宋国的公子朝，以美貌著称。

十七

子曰："谁能出不由户？何莫由斯道也？"

【译文】孔子说："谁能走出房屋而不从门走？为什么没有人从这条（仁义）大道走呢？"

十八

子曰："质胜文则野，文胜质则史。文质彬彬，然后君子。"

【译文】孔子说："质朴胜过了文采，便像个（不开化的）乡下人显得粗俗野蛮；文采排挤了质朴，便像个言辞浮夸的史官。文采和质朴配合恰当，才像个君子。"

十九

子曰："人之生也直，罔①之生也幸而免。"

【译文】孔子说："一个人因为正直而在世上能够生存，不正直的人也活着，不过是侥幸躲避了灾祸。"

【注释】①罔：欺骗，不直。此指不正直的人。

二十

子曰："知之者不如好之者，好之者不如乐之者。"

【译文】孔子说："（对于学问、道德）懂得它的人比不上爱好它的人，爱好它的人不如以研究它为乐的人。"

二十一

子曰："中人以上，可以语上也；中人以下，不可以语上也。"

【译文】孔子说："中等以上才智的人，可以对他讲高深的道理；中等以下才智的人，不可能对他讲高深的道理。"

二十二

樊迟问知。子曰："务民之义①，敬鬼神而远之，可谓知矣。"
问仁。曰："仁者先难而后获，可谓仁矣。"

【译文】樊迟问怎样才叫聪明。孔子说："致力于对人有益。被老百姓称道的事，敬重鬼神而却远离它，可以算聪明了。"

问怎样才叫有仁德。孔子说："仁人遇到难事抢在别人之先去做，有了成果在人之后获得，可以算是有仁德的人了。"

【注释】①务民之义：致力于与人事相适宜的事。务，致力，从事；义，合宜，适宜。译文意译。

二十三

子曰："知者乐水，仁者乐山。知者动，仁者静。知者乐，仁者寿。"

【译文】孔子说："智者喜欢水，仁者喜爱山。智者活跃，仁者沉静。智者心情愉快舒畅，仁者健康长寿。"

二十四

子曰："齐一变，至于鲁；鲁一变，至于道①。"

【译文】孔子说："齐国（的政治）变革一下，就能达到鲁国的水平；鲁国（的政治）一变革，就进而符合先王施行的仁义之道了。"

【注释】①道：这里指儒家所推崇的古代先王的治国之道。

二十五

子曰："觚不觚①，觚哉！觚哉！"

【译文】孔子说："觚不像觚了，这怎么是觚呀！这能叫觚吗？"

【注释】①觚(gū)：一种酒器，四方有棱，一面有供手拿的"耳"，容积二升。大约孔子见到的觚已不合觚的形制了，故发此慨叹，以批评名实相违的现象。不觚：不像觚，觚做动词。

二十六

宰我问曰："仁者，虽告之曰：'井有仁焉'，其从之也？"

子曰："何为其然也？君子可逝也，不可陷也；可欺也，不可罔也。"

【译文】宰我问道："有仁德的人，要是告诉他说'井里掉进了人了'，他会跟着下井吗？"

孔子说："为什么要这样呢？君子可以前去并想办法（救他），却不可以跳入井；君子可以被人欺骗，却不能受人愚弄。"

二十七

子曰："君子博学于文，约之以礼，亦可以弗畔①矣夫！"

【译文】孔子说："君子广泛学习一切文化知识，用礼约束自己，也就可以做到不背离君子之道了。"

【注释】①畔：通"叛"，违背。

二十八

子见南子①，子路不说。夫子矢②之曰："予所否者，天厌之！天厌之！"

【译文】孔子去见南子，子路不高兴。孔子对天发誓说："我的行为要是不合礼，让上天厌弃我！让上天厌弃我！"

【注释】①南子：卫灵公的妻子，有淫乱行为，名声不好，但在卫国势力很大，左右着卫国的政治。②矢：通"誓"，发誓。

二十九

子曰："中庸之为德也①，其至矣乎！民鲜久矣。"

【译文】孔子说："中庸作为道德，算是最高层次的了！但是人们缺少中庸这种道德，已经很久了。"

【注释】①中庸："中"即中正、中和；"庸"即常。"中庸"，即"用中为常道也"。其主要特点是，反对过与不及和保持对立面的和谐，是孔子学说的最高道德标准。

三十

子贡曰："如有博施于民而能济众，何如？可谓仁乎？"

子曰："何事于仁！必也圣乎！尧舜其犹病诸①！夫仁者，己欲立而立人，己欲达而达人。能近取譬②，可谓仁之方也已。"

【译文】子贡说："假使有人能广泛地施给人民好处，周济大家，这个人怎么样？能称得上仁人了吗？"

孔子说："岂止是仁！必定是圣人了，尧舜还担心做不到这样呢！所谓仁，就是自己想要站立得住，也要使别人站立得住；自己想要前途通达，也要使别人前途通达。能由自己推及到别人身上，可以说这就是实行仁德的方法了。"

【注释】①尧舜：传说中的古代部落联盟的首领，儒家把他们看作理想的圣王。②近取譬：以自己打比方，即推己及人之意。

述而篇第七

共三十八章

一

子曰："述而不作，信而好古，窃比于我老彭①。"

【译文】孔子说："传授、阐述（古代文化）而不创新，相信、热爱古代文化，我私下把自己和老彭相比。"

【注释】①老彭：人名。有人认为是商代的贤大夫，有的认为指老子和彭祖两人，有人说是殷商时代的彭祖，还有人说是孔子同时代的一个人，众说纷纭，终无定论。

二

子曰："默而识①之，学而不厌，诲人不倦，何有于我哉？"

【译文】孔子说："把所学的知识默默地记住，勤奋学习永不满足，教导别人不知疲倦，（这些）对于我来说，有什么困难的呢？"

【注释】①识(zhì)：记住。

三

子曰："德之不修，学之不讲，闻义不能徙①，不善不能改，是吾忧也。"

【译文】孔子说："品德不加以修养，学问不勤于研究，听了符合道义的事不能照着去做，有了错误不能改正，这些都是我忧虑的。"

【注释】①徙（xǐ）：迁移。这里有靠拢，"照着……做"的意思。

四

子之燕居，申申如也，夭夭如也。

【译文】孔子在家闲居时，衣冠整洁舒展，神态和畅坦然。

五

子曰："甚矣，吾衰也！久矣，吾不复梦见周公①！"

【译文】孔子说："我衰老得多么严重呀！很长时间，我没有梦见周公了！"

【注释】①周公：姓姬，名旦，周文王之子，周武王之弟。曾辅佐周成王执政，制定了周代的礼乐制度，是孔子所崇仰的古代圣人。

六

子曰："志于道，据于德，依于仁，游于艺①。"

【译文】孔子说："立志在'道'上，执守在'德'上，依凭在'仁'上，游娱在'艺'中。"

【注释】①艺，即六艺，指礼、乐、射、御、书、数六种科目。

七

子曰："自行束脩以上①，吾未尝无诲焉。"

【译文】孔子说："（只要是）自愿送我十条以上干肉（做见面薄礼）的，我从来没有不给予教诲的。"

【注释】①束脩（xiū）：一束干肉（十条）。脩，干肉。古人初次见面时，带着礼物赠给对方，十条干肉是很薄的见面礼。

八

子曰："不愤不启，不悱不发。举一隅不以三隅反，则不复也。"

【译文】孔子说："（教导学生时）不到他苦思冥想而想不通时，不去开导他；不到心里想说而表达不出时，不去启发他。提示给他某一方面，他却不能推知出其他几个方面，我就不再去教他。"

九

子食于有丧者之侧，未尝饱也。

【译文】孔子在有丧事的人旁边吃饭，从来没有吃饱过。

十

子于是日哭，则不歌。

【译文】孔子在吊丧这天哭泣过，便不再在这一天唱歌。

十一

子谓颜渊曰："用之则行，舍之则藏，惟我与尔有是夫！"

子路曰："子行三军^①，则谁与？"

子曰："暴虎冯河^②，死而无悔者，吾不与也。必也临事而惧，好谋而成者也。"

【译文】孔子对颜渊说："出仕就去实行我的主张，否则就把它收藏起来，等待时机，只有我和你能做到这点吧！"

子路说："（如果）您统领军队，那么找谁与您一起共事？"

孔子说："空手斗虎，涉水渡河，就算丢了性命也不后悔，我不同这样的人共事。与我共事的人必须是遇事警惕，善于谋划以求成功的人。"

【注释】①三军：周制天子六军，诸侯大国三军，一军为一万二千五百人。春秋时大国多设三军，三军之名称，各国不同，有的称中军、上军、下军，有的称中军、左军、右军。这里统称军队。②暴虎冯（píng）河：暴虎，空手和老虎搏斗；冯河，不借助舟船涉河。

十二

子曰："富而可求也，虽执鞭之士，吾亦为之。如不可求，从吾所好。"

【译文】孔子说："如果财富可以（正当）求得的话，即使做下等差役，我也愿意担任。如果不能（正当）求得，那么我还是做我喜欢做的事。"

十三

子之所慎：齐、战、疾^①。

【译文】孔子小心谨慎对待的事是：斋戒、战争、疾病。

【注释】①齐：同"斋"，即斋戒。古人在祭祀前，必先整洁身心，以示虔诚。其内容包括沐浴更衣，不饮酒，不吃荤，不与妻妾同居等项，这叫斋戒。

十四

子在齐闻《韶》①，三月不知肉味，曰："不图为乐之至于斯也。"

【译文】孔子在齐国听了《韶》乐后，很长时间内连吃肉都觉得没味，说："没想到《韶》乐美妙到这种程度。"

【注释】①《韶》：见《八佾篇》第二十五章注。

十五

冉有曰："夫子为卫君①乎？"子贡曰："诺，吾将问之。"

入，曰："伯夷、叔齐②何人也？"曰："古之贤人也。"曰："怨乎？"曰："求仁而得仁，又何怨？"

出，曰："夫子不为也。"

【译文】冉有问子贡："老师会赞成卫君的做法吗？"子贡说："嗯，我去问他。"

走进孔子屋里，（子贡）问："伯夷、叔齐是怎样的人？"（孔子）说："古代的贤人。"又问："他们互让君位而出逃，心里怨恨吗？"（孔子）说："他们追求仁并得到了仁，又有什么怨恨的？"

（子贡）出来后（对冉有）说："老师是不会赞成卫君的。"

【注释】①卫君：指卫出公蒯辄。他父亲是卫灵公的太子蒯聩，曾因得罪灵公而避难到晋国。灵公死后，立蒯辄为国君；后来，晋国为了寻找机会侵略卫国，想故意把蒯聩送回国去，让他们争夺君位，遭到蒯辄拒绝。冉有所问即指此事。②伯夷、叔齐：商纣时孤竹国君的两个儿子。父亲临终前曾定叔齐继位；父亲死后，叔齐遵循长子继位的惯例让位给伯夷，而伯夷不肯违弃父亲遗命，便逃走，叔齐也跟着一起逃走。

十六

子曰："饭疏食，饮水，曲肱而枕之，乐亦在其中矣。不义而富且贵，于我如浮云。"

【译文】孔子说："吃粗粮，喝白水，弯起胳膊当枕头睡，乐趣也就在其中了。用不符合道义的手段而享受富贵，对我来说就像天上的浮云似的（毫不相干）。"

十七

子曰："加我数年，五十以学《易》①，可以无大过矣。"

【译文】孔子说："增加我几岁年纪，到五十岁时学习《易经》，就可以不犯大的过错了。"

【注释】①《易》，即《易经》，古代占卜用书。

十八

子所雅言①，《诗》、《书》、执礼，皆雅言也。

【译文】孔子有用普通话的时候，读《诗经》《书经》，主持行礼仪式时，都是用普通话。

【注释】①雅言：春秋时代各地语言并不统一，但仍有在较大范围内通行的语言，即以陕西语音为标准音的"官话"，当时称为"雅言"。译文以"普通话"对译之。

十九

叶公问孔子于子路①，子路不对。子曰："女奚不曰，其为人也，发愤忘食，乐以忘忧，不知老之将至云尔。"

【译文】叶公向子路打听孔子的为人，子贡没有回答他。孔子（得知后）说："你为什么不说，他的为人呀，发愤用功以致忘了吃饭，心境快乐而忘了忧愁，连自己快要衰老了也不觉得，就这样说好了。"

【注释】①叶公：楚国大夫沈诸梁，字子高，因在叶(shè)地当长官，故称叶公。

二十

子曰："我非生而知之者，好古，敏以求之者也。"

【译文】孔子说："我不是生来就什么都懂的人，而是我喜爱古代文化，依靠勤奋敏捷求得了学问。"

二十一

子不语怪、力、乱、神。

【译文】孔子不谈论怪异、勇力、悖乱、鬼神这四样事情。

二十二

子曰："三人行，必有我师焉。择其善者而从之，其不善者而改之。"

【译文】孔子说："几个人一起走路，其中必定有值得我学习的。选择他们的优点去学习，对于他们的缺点，我便引以为戒加以改正。"

二十三

子曰："天生德于予，桓魋其如予何①？"

【译文】孔子说："上天把这样的品德赋予我，桓魋又能把我怎么样？"

【注释】①桓魋(tuí)：宋国的司马向魋，因是宋桓公后代，故又称桓魋。《史记·孔子世家》记载，公元前492年，孔子路过宋国，与弟子在大树下演习礼仪。桓魋砍倒了大树，并要杀孔子，孔子在离开宋国的途中向弟子们讲了这句话。

二十四

子曰："二三子以我为隐乎？吾无隐乎尔。吾无行而不与二三子者，是丘也。"

【译文】孔子说："学生们，你们以为我会对你们隐瞒了什么吗？我没有什么隐瞒你们的。我没有哪件事不同你们一起做，这就是我孔丘的为人。"

二十五

子以四教：文，行，忠，信。

【译文】孔子从四个方面教导学生：典籍文献，道德实践，对人忠诚，诚实守信。

二十六

子曰："圣人，吾不得而见之矣；得见君子者，斯可矣。"

子曰："善人，吾不得而见之矣；得见有恒者，斯可矣。亡而为有，虚而为盈，约而为泰，难乎有恒矣。"

【译文】孔子说："圣人，我是不能够看到的了；能见到君子，这也就可以了。"

孔子说："善人，我是见不着了；能见到有恒心（保持良好品德）的人，这也就够了。（如果一个人）没有却装作有，空虚却装作充实，穷困却装作富足，就很难做到有恒心了。"

二十七

子钓而不纲，弋不射宿。

【译文】孔子（只用竿）钓鱼，却不（用带大绳的网）捕鱼；射鸟（只射飞鸟），不射栖息在巢中的鸟。

二十八

子曰："盖有不知而作之者，我无是也。多闻，择其善者而从之，多见而识之，知之次也。"

【译文】孔子说："大概有自己无所知却要凭空创立新说的人，我没有这种本事。（我只是）多听听（各种见解），选择其中好的来学习，多看看，然后记在心里，这样学来的知识在智能上（比生而知之）是次一等的了。"

二十九

互乡①难与言，童子见，门人惑。子曰："与其进也，不与其退也，唯何甚？人洁己以进，与其洁也，不保其往也。"

【译文】互乡这个地方的人难以同他们交谈。（但互乡）一个少年得到了孔子接见，弟子们感到疑惑。孔子说："赞许人家进步，不赞成人家退步，何必做得过分呢？人家洁身自好以求进步，就应当赞成他的洁净，不能老是计较他的过去。"

【注释】①互乡：地名，所在地已无可考证。

三十

子曰："仁远乎哉？我欲仁，斯仁至矣。"

【译文】孔子说："难道仁德离我们很远吗？我想达到仁，仁就到了。"

三十一

陈司败问："昭公①知礼乎？"孔子曰："知礼。"

孔子退，揖巫马期②而进之，曰："吾闻君子不党，君子亦党乎？君取于吴，为同姓，谓之吴孟子③。君而知礼，孰不知礼？"

巫马期以告。子曰："丘也幸，苟有过，人必知之。"

陈司败问孔子："昭公知礼吗？"孔子说："知礼。"

【译文】孔子出来后，陈司败向巫马期作揖，请他上前来，对他说："我听说君子不袒护人，（难道）君子也会袒护吗？鲁君从吴国娶了夫人，是和自己同姓的，（于是改）称她吴孟子。如果鲁君也算懂礼，还有谁不懂礼？"

巫马期把这话告诉了孔子。孔子说："我孔丘真幸运，如果有错误，别人一定会（指出）让我知道。"

【注释】①陈司败：陈国大夫。司败，官名。一说是齐人，姓陈，名司败。昭公，即鲁昭公，鲁国国君。②巫马期：姓巫马，名施，字子期；孔子的弟子。③吴孟子：古代礼法规定"同姓不婚"。鲁国与吴国同为姬姓国家，按礼法鲁君不能娶吴国女子。又，春秋时代国君夫人的称呼，一般是在她自己姓的前面加上她自己国家的国名。鲁昭公所娶的吴国女子，本当称"吴姬"，鲁昭公为掩饰自己违背"同姓不婚"的错误，便将这个女子改称为吴孟子。

三十二

子与人歌而善，必使反之，而后和之。

【译文】孔子与别人一起唱歌，如果别人唱得好，就一定请他再唱一遍，然后（自己再）跟着他一起唱。

三十三

子曰："文，莫吾犹人也；躬行君子，则吾未之有得。"

【译文】孔子说："就文化知识方面来说，大概我与别人差不多；至于做身体力行的君子，那我还没有什么所得。"

三十四

子曰："若圣与仁，则吾岂敢！抑为之不厌，诲人不倦，则可谓云尔已矣。"公西华曰："正唯弟子不能学也。"

【译文】孔子说："如果谈到圣和仁，那我怎么敢当！要说（朝着这个目标）努力去做而永不满足，教诲别人毫不倦怠，倒还算得上。"公西华说："这正是我们做弟子不能（完全）学到的。"

三十五

子疾病，子路请祷。子曰："有诸？"子路对曰："有之。《诔》曰①：'祷尔于上下神祇。'"子曰："丘之祷久矣。"

【译文】孔子病重，子路请求（代老师）祈祷。孔子说："有这回事吗？"子路回答说："有的。《诔》文上说：'替你向天地之神祷告。'"孔子说："我早就（以自己平时的作为）祈祷过了。"

【注释】①《诔》（lěi）：向鬼神祈祷的文章。

三十六

子曰："奢则不孙，俭则固。与其不孙①也，宁固。"

【译文】孔子说："奢侈就显得骄纵不谦逊，俭省了便显得固陋。与其不谦逊，宁可固陋。"

【注释】①孙：通"逊"。

三十七

子曰："君子坦荡荡，小人长戚戚^①。"

【译文】孔子说："君子（总是）心胸宽广坦荡，小人常常忧愁悲伤。"

【注释】①戚戚：忧愁、悲伤的样子。

三十八

子温而厉^①，威而不猛，恭而安。

【译文】孔子温和又严肃，威严而不凶猛，庄重而又安详。

【注释】①厉：严肃。

泰伯篇第八

共二十一章

一

子曰："泰伯①，其可谓至德也已矣。三以天下让，民无得而称焉。"

【译文】孔子说："泰伯，可以说是德行极其高尚的了。他多次坚持把君位让给弟弟，人民无法用语言来赞美他。"

【注释】①泰伯：又作"太伯"，周朝祖先古公亶父的长子。古公亶父欲立幼子季历，泰伯便主动偕弟仲雍出走到江南，成为当地君长。泰伯死后，由仲雍继位，其后人建立吴国。而季历之孙姬发（周武王）伐纣灭商，建立了周朝。

二

子曰："恭而无礼则劳，慎而无礼则葸，勇而无礼则乱，直而无礼则绞。君子笃于亲，则民兴于仁；故旧不遗，则民不偷。"

【译文】孔子说："注重态度的恭敬庄重却不懂礼，就会徒劳无益；言行谨慎而不合礼制，就显得畏葸害怕；遇事勇敢而不合礼制，就会犯上作乱；为人直率而不合礼制，就显得尖刻刺人。在上位的人对亲族感情深厚，百姓就会重视仁德；在上位的人不遗弃熟人朋友，百姓就不会冷漠无情。"

三

曾子有疾，召门弟子曰："启予足！启予手！《诗》云：'战战兢兢，如临深渊，如履薄冰。'而今而后，吾知免夫！小子！"

【译文】曾子患了重病，召集他门下弟子说："看看我的脚！看看我的手！《诗经》上说：'胆战心惊的，就像面临着深深的水潭，就像脚踩在薄薄的冰层上面。'从今以后，我知道自己能免于遭受祸害了！弟子们！"

四

曾子有疾，孟敬子问之①。曾子言曰："鸟之将死，其鸣也哀；人之将死，其言也善。君子所贵乎道者三：动容貌，斯远暴慢矣；正颜色，斯近信矣；出辞气，斯远鄙倍矣。笾豆之事②，则有司存。"

【译文】曾子患了重病，孟敬子慰问他。曾子说："鸟将要死时，它的叫声是悲哀的；人将死时，他的话是善意的。在上位的人处世待人，要注重三个方面：容貌要严肃谦和，这样可以避免粗暴傲慢；脸色要端庄，这样就能接近诚信；言辞语气要恰当，这样就能避免鄙陋粗野。至于礼仪中的具体事情，则由主管官吏去负责。"

【注释】①孟敬子：鲁国大夫仲孙捷。②笾豆：笾，盛食品用的一种竹器；豆，一种盛食物的器皿。笾、豆常用于祭祀和典礼，"笾豆之事"即指祭祀和礼仪方面的事。

五

曾子曰："以能问于不能，以多问于寡；有若无，实若虚；犯而不校。昔者吾友尝从事于斯矣。"

【译文】曾子说："有才能的人却向没有才能的人请教，学识丰富的人却向知识浅薄的人请教；有知识却像没知识一样，知识充实却像知识空虚一样；被人冒犯而不计较。从前我的一位朋友曾经这样做过。"

六

曾子曰："可以托六尺之孤①，可以寄百里②之命，临大节而不可夺也。君子人与？君子人也。"

【译文】曾子说："可以把幼小的君主托付给他，可以把国家的命运托付给他，面临安危存亡的关头而不能动摇屈服。这种人可以称得上是君子吗？是君子啊。"

【注释】①六尺之孤：古代一尺约合今尺七寸，六尺仍属未成年的高度。孤，幼年丧父。六尺之孤，此指幼年继位的君主。②百里：指代一个诸侯国。

七

曾子曰："士不可以不弘毅，任重而道远。仁以为己任，不亦重乎？死而后已，不亦远乎？"

【译文】曾子说："读书人不可以不心胸宽广、意志坚强，（因为他）责任很重，路途遥远。把实现仁德作为自己的责任，这担子还不重吗？为仁奋斗到死才罢休，这路途还不遥远吗？"

八

子曰："兴于《诗》，立于礼，成于乐。"

【译文】孔子说："从学《诗经》而开始修养，由习礼而得以自立，坚定操守，通过音乐来陶冶性情，成就道德。"

九

子曰："民，可使由之，不可使知之。"

【译文】孔子说："对于百姓，可以使他们（不知不觉）按道理去做，要让他们懂得为什么这样做是不现实的。"

十

子曰："好勇疾①贫，乱也。人而不仁，疾之已甚，乱也。"

【译文】孔子说："喜欢逞勇斗狠又讨厌自己贫困的人，就会作乱。一个不仁的人，如果被别人过分厌恨，（导致他自暴自弃）也会作乱。"

【注释】①疾：讨厌、厌恶。

十一

子曰："如有周公之才之美，使骄且吝，其余不足观也已。"

【译文】孔子说："如果有了周公那样美好的才能，只要骄傲吝啬，那他的其余方面就不值得一看了。"

十二

子曰："三年学，不至于谷①，不易得也。"

【译文】孔子说："求学三年，还没有做官的想法，这种人难得呀。"

【注释】①谷：古代以谷米为俸禄，此用以指代做官。

十 三

子曰："笃信好学，守死善道。危邦不入，乱邦不居。天下有道则见，无道则隐。邦有道，贫且贱焉，耻也；邦无道，富且贵焉，耻也。"

【译文】孔子说："（对于道）要坚定信念，努力学习；坚守善道，至死而不变。不进入政局危急的国家，不滞留在政治混乱的国家。天下有道，就出来做官；无道就隐退。国家有道时，自己贫贱不能上进，是可耻的；国家无道时，而自己富贵，也是可耻的。"

十 四

子曰："不在其位，不谋其政。"

【译文】孔子说："不在那个职位上，就不要思虑那个职位上的政事。"

十 五

子曰："师挚之始①，《关雎》之乱②，洋洋乎盈耳哉！"

【译文】孔子说："从太师挚开始演奏，直到最后演奏《关雎》之曲时，美妙动听的音乐充满了我的耳朵啊！"

【注释】①师挚之始：师挚，即太师挚。太师是乐师，这里指鲁国的一位乐师，名挚。"始"是乐曲的开端，古代奏乐，序曲通常由太师演奏。②《关雎》：《诗经·国风》的第一篇。古代《诗经》中的诗篇是可以用来配乐演唱的。"乱"，乐曲的结束部分。

十六

子曰："狂而不直，侗而不愿^①，悾悾^②而不信，吾不知之矣。"

【译文】孔子说："狂妄而不直率，无知而不老实，样子诚恳而不讲信用，我真不知道这是怎样一种人了。"

【注释】①侗：幼稚、无知。愿：谨慎老实。②悾悾：诚恳的样子。

十七

子曰："学如不及，犹恐失之。"

【译文】孔子说："做学问就像追赶不上什么似的，（追赶上了）还恐怕会失掉。"

十八

子曰："巍巍乎，舜禹之有天下也而不与焉^①！"

【译文】孔子说："多么崇高啊！舜和禹拥有天下却一点儿也不谋求私利啊！"

【注释】①禹：传说中古代部落联盟的首领，夏朝开国君主。做舜臣的时候，用疏导方式治水，取得成功，成为古代著名的治水英雄。代舜为首领后，传位其子，建立了中国历史上第一个私有制王朝——夏朝。

十九

子曰:"大哉,尧之为君也!巍巍乎!唯天为大,唯尧则之。荡荡乎,民无能名焉,巍巍乎其有成功也,焕乎其有文章!"

【译文】孔子说:"尧作为君主,真伟大啊!真崇高啊!只有天最伟大,只有尧可以与天相比。他的恩德多么广博啊,人民无法用语言来称赞他!他的功绩多么崇高啊,他的礼仪制度多么光彩灿烂!"

二十

舜有臣五人而天下治。武王曰:"予有乱臣①十人。"孔子曰:"才难,不其然乎?唐虞之际②,于斯为盛。有妇人焉,九人而已。三分天下有其二,以服事殷。周之德,其可谓至德也已矣。"

【译文】舜有五位贤臣而使天下太平。武王曾说:"我有十位治理天下的贤臣。"孔子说:"人才难得,难道不是这样吗?唐尧、虞舜之后,武王时代人才最茂盛。其中一人是妇女,实际上是九个人罢了。(周文王)拥有天下三分之二时,还向殷朝称臣,周文王的德行,可以说是最高的道德了。"

【注释】①乱臣:《说文》解,"乱,治也。"训诂学上称之为"反训"。"乱臣"就是治国之臣。②唐虞之际:唐,帝尧的部落先居于陶,后徙于唐,称陶唐氏。唐或陶唐皆可指代帝尧。虞,即有虞氏,帝舜的部落名,虞可以指代帝舜。唐虞之际,即尧舜之后。

二十一

子曰:"禹,吾无间然矣。菲饮食而致孝乎鬼神,恶衣服而致美乎黻冕①,卑宫室而尽力乎沟洫②。禹,吾无间然矣。"

【**译文**】孔子说："对于禹，我是没有可批评的了。他饮食菲薄，却（用丰盛的祭品）祭奠鬼神；他衣着粗劣，而祭服做得很精美；他居室简陋，却尽全力兴办水利。对于禹，我是挑不出他的缺点了。"

【**注释**】①黻(fú)冕：古代贵族祭祀时的礼服、礼冠。②沟洫(xù)：田间水道，即沟渠。

子罕篇第九

共三十一章

一

子罕言利，与命与仁。

【译文】孔子很少谈论功利、天命和仁德。

二

达巷党人曰①："大哉，孔子！博学而无所成名。"子闻之，谓门弟子曰："吾何执？执御乎？执射乎？吾执御矣。"

【译文】达巷党的人说："孔子真伟大啊！学识渊博竟至于没有哪一方面可以使他成名。"孔子听说后，对门下弟子们说："我该专学哪一项技艺呢？驾车呢，还是射箭呢？我还是驾车吧。"

【注释】①达巷党：达巷，党名。党，古代一种居民组织，五百家为一党。

三

子曰："麻冕①，礼也；今也纯，俭，吾从众。拜下，礼也；今拜乎上，泰也，虽违众，吾从下。"

【译文】孔子说："用麻做礼帽，这是符合礼节的规定；现在用丝做，省工了，我赞同大家的做法。（臣见君时）先在堂下跪拜，登堂后再拜，这是礼的规定；现在大家只直接登堂拜见，太傲慢了，虽然与众不同，我还是主张遵礼，先在堂下跪拜。"

【注释】①麻冕：麻布礼帽。按规定，用来做礼帽的麻布要用二千四百根经线织成，很费工。后改用丝质礼帽，节省了工力工时。

四

子绝四：毋意①，毋必，毋固，毋我。

【译文】孔子绝对不存在这四种毛病：凭空猜想揣测，事先定论，固执己见，自以为是。

【注释】①意：通"臆"，主观的想法，缺乏客观证据。

五

子畏于匡①，曰："文王既没，文不在兹乎？天之将丧斯文也，后死者不得与于斯文也；天之未丧斯文也，匡人其如予何？"

【译文】孔子在匡地被当地人拘押起来，说："文王死后，古代文化遗产不就保存在我这里吗？如果上天要灭绝这些文化，我就不会掌握它了；如果上天不想灭绝这些文化，匡地的人又能把我怎么样？"

【注释】①子畏于匡：据《史记·孔子世家》记载，孔子在去陈国途中曾路过匡地。匡人以前曾遭鲁国阳虎的残害，而孔子相貌颇像阳虎，被匡人误认为阳虎而围困起来。五天后，知道不是阳虎后才放了他。

六

太宰问于子贡曰①："夫子圣者与？何其多能也？"子贡曰："固天纵之将圣，又多能也。"

子闻之，曰："太宰知我乎！吾少也贱，故多能鄙事。君子多乎哉？不多也。"

【译文】太宰向子贡问道："孔先生是圣人吗？为什么他这样多才多艺呢？"子贡说："本来就是上天要使他成为圣人，又给予他很多技艺呀。"

孔子听说了这事，说："太宰了解我呀！我年轻时很贫贱，所以学会做许多低贱的技艺。真正的君子技艺会多吗？不会多的。"

【注释】①太宰：官名。这里的太宰具体指谁，已无法考证。

七

牢①曰："子云：'吾不试，故艺。'"

【译文】牢说："孔子曾说，'我因为没有被国家重用，所以学会了一些技艺。'"

【注释】①牢：人名，具体情况已无可考；有人认为是孔子的弟子。

八

子曰："吾有知乎哉？无知也。有鄙夫问于我，空空如也，我叩其两端而竭焉。"

【译文】孔子说："我有知识吗？没有知识。有个庄稼人拿事来问我，我（本来对这事）一无所知，便盘问他事情的来龙去脉，问题就全部掌握了。"

九

子曰："凤鸟不至①，河不出图②，吾已矣夫！"

【译文】孔子说："凤凰不飞来，黄河不出现图画，我这辈子就算完了！"

【注释】①凤鸟不至：传说舜当天子时和周文王时，都曾有凤凰飞来，所以古人认为凤凰出现就显示天下太平。②河不出图：传说伏羲氏时，黄河中有一匹龙马，背上毛呈八卦一般的图纹，伏羲就以这图纹为蓝本创制了八卦。黄河龙马负图出现，古人认为意味着有圣人受命来治理天下。

十

子见齐衰①者、冕衣裳者与瞽者，见之，虽少，必作；过之，必趋。

【译文】孔子看到穿丧服的人、戴礼帽穿礼服的人和盲人，即使他们是年轻人，孔子也必定（从坐席上）站起身来；走过他们跟前，必定要快步走。

【注释】①齐衰（zī cuī）：丧服的一种，用熟麻布做成，在五服（五个等级的丧服）中居第二等，仅次于斩衰。这里泛指丧服。

十一

颜渊喟然叹曰："仰之弥高，钻之弥坚。瞻之在前，忽焉在后。夫子循循然善诱人，博我以文，约我以礼，欲罢不能。既竭吾才，如有所立卓尔。虽欲从之，末由也已。"

【译文】颜渊深深慨叹说："（老师的思想学问）越仰望它，越觉得它高，越钻研它，越觉得它深。看它好像在眼前，忽然又像在后面。老师循循善诱地教诲我们，用文化典籍丰富我的知识，用礼约束我的言行，使得我想停止学习也不可能。我竭尽了自己的才智，却仍然像有一物矗立在前面。虽然想登上去，却苦于无路可上了。"

十二

子疾病，子路使门人为臣①。病间，曰："久矣哉，由之行诈也！无臣而为②有臣。吾谁欺？欺天乎？且予与其死于臣之手也，无宁死于二三子之手乎！且予纵不得大葬，予死于道路乎？"

【译文】孔子病得很重，子路叫别的弟子充当家臣（准备为老师料理丧事）。后来，孔子的病好转了，（得知这件事后）说："仲由搞欺骗已有很长时间了。我没有家臣却装作有家臣，我骗谁呢？骗天吗？再说，我与其由家臣办丧事，不如由你们弟子来办呢！我即使不能死后得到（像大夫那样的）大葬，难道就会死在路上（没人来葬）吗？"

【注释】①子路使门人为臣：古代大夫的丧事，由家臣治办。孔子当时已不是大夫，没有家臣；子路想用大夫之礼为孔子治丧，所以让别的弟子充当家臣。②为：通"伪"。

十三

子贡曰："有美玉于斯，韫椟①而藏诸？求善贾②而沽诸？"子曰："沽③之哉！沽之哉！我待贾者也。"

【译文】子贡说："假使有块美玉在这里，是将它收藏在柜子里好呢，还是找一个识货的商人把它卖出去好呢？"孔子说："卖掉吧！卖掉吧！我就是等待识货的人呢！"

【注释】①韫椟(yùn dú)：韫，收藏。椟，柜子。②贾(gǔ)：商人。③沽：卖。

十四

子欲居九夷①。或曰："陋，如之何？"子曰："君子居之，何陋之有？"

【译文】孔子想到九夷去居住。有人对他说："那里很简陋，怎么能住呢？"孔子说："君子居住到那里，还有什么简陋呢？"

【注释】①九夷：古代对居住在我国东部地区民族的总称。"九"，表示多；"夷"，对东部民族带有轻蔑意味的称呼。

十五

子曰："吾自卫反鲁①，然后乐正，《雅》《颂》各得其所②。"

【译文】孔子说："我从卫国回到鲁国后，（便整理《诗经》的篇章）这才使得乐曲有了正确的整理，《雅》归雅乐，《颂》归颂乐，它们各自配上了合适的乐曲。"

【注释】①自卫反鲁：公元前484年，孔子离开卫国返回鲁国，结束了十四年周游列国的生活。②《雅》《颂》：既是《诗经》中两类诗的名称，又是乐曲的分类名；不同类的诗要配上不同类的乐曲。

十六

子曰："出则事公卿，入则事父兄，丧事不敢不勉，不为酒困，何有于我哉？"

【译文】孔子说："出外侍奉好公卿，在家侍奉好父兄，办丧事不敢不努力，不因为喝酒而伤身误事，这些对我来说，有什么难做的呢？"

十七

子在川上，曰："逝者如斯夫！不舍昼夜。"

【译文】孔子站在河边，感叹道："消逝的时光正像这河水一样吧！日夜不停地流去。"

十八

子曰："吾未见好德如好色者也。"

【译文】孔子说："我没有见到过爱好仁德就像喜爱美色那样的人！"

十九

子曰："譬如为山，未成一篑①，止，吾止也；譬如平地②，虽覆一篑，进，吾往也。"

【译文】孔子说："好比堆一座山，只差一筐土而没有堆成，停止堆下去，是我自己停止的；好比填平一块地，即使只倒了一筐土（也是有了进展），继续干下去，也是我自己取得的进展。"

【注释】①篑(kuì)：装土的筐子。②平地：这里应视作使动结构，"使地平"的意思。

二十

子曰："语之而不惰者，其回也与！"

【译文】孔子说："听我说话而始终听不懈怠的，大概只有颜回吧！"

二十一

子谓颜渊，曰："惜乎！吾见其进也，未见其止也。"

【译文】孔子谈论颜渊，说："（死得）真可惜呀！我只见他不断进步，从未见他停滞不前啊。"

二十二

子曰："苗而不秀者有矣夫！秀而不实者有矣夫！"

【译文】孔子说："庄稼光出苗生长而不开花结穗，有这种情况的吧！光开花而不结果实，有这种情况的吧！"

二十三

子曰："后生可畏，焉知来者之不如今也？四十、五十而无闻焉，斯亦不足畏也已。"

【译文】孔子说："年轻人是可怕的，哪能预知他们的将来赶不上现在的人呢？（不过）如果到了四五十岁还没有什么声望，也就不值得畏惧了。"

二十四

子曰："法语之言，能无从乎？改之为贵。巽与之言，能无说乎？绎^①之为贵。说而不绎，从而不改，吾未如之何也已矣。"

【译文】孔子说："符合正道的话，能不听从吗？（但只有按它）改正错误才是可贵的。恭敬好听的话，听了能不高兴吗？但只有分析鉴别一下（真假是非）才是可贵的。只是高兴而不加分析，只是接受而不改正，（这种人）我是拿他没办法的了。"

【注释】①绎(yì)：分析鉴别。

二十五

子曰："主忠信。毋友不如己者。过，则勿惮改①。"

【注释】①本章重出，已见《学而》篇第八章。译文参见前文。

二十六

子曰："三军可夺帅也，匹夫不可夺志也。"

【译文】孔子说："一国的军队，可以俘获它的主帅；一个普通人，却不能强迫他改变志向。"

二十七

子曰："衣敝缊袍，与衣狐貉者立，而不耻者，其由也与？'不忮①不求，何用不臧②？'"子路终身诵之。子曰："是道也，何足以臧？"

【译文】孔子说："穿着破丝棉袍子，与穿着狐貉皮袍的人站在一起，而不感到羞耻的，大概只有仲由吧？'不嫉妒，不贪求，为什么不好？'"子路听了，便一直念着这两句诗。孔子（因此又）说："仅做到这样，哪值得称赞？"

【注释】①忮(zhì)：嫉妒。②臧(zāng)：善、好。

二十八

子曰："岁寒，然后知松柏之后凋也。"

【译文】孔子说："严寒的季节，才知道松柏是最后凋零的。"

二十九

子曰："知者不惑，仁者不忧，勇者不惧。"

【译文】孔子说："聪明的人不疑惑，仁德的人没有忧愁，勇敢的人不畏惧。"

三十

子曰："可与共学，未可与适道；可与适道，未可与立；可与立，未可与权。"

【译文】孔子说："能在一起学习的人，未必能一起追求真理；能一起追求真理的，未必能一起确立'道'的原则；能一起确立'道'的原则的，未必都能随机应变地运用它。"

三十一

"唐棣之华，偏其反而。岂不尔思？室是远而①。"子曰："未之思也，夫何远之有？"

【译文】"棠棣树的花，随风翩翩摇动。难道不思念你？只是因为居住得太远。"孔子说："没有去思念罢了，（真心思念了）怎么会觉得遥远呢？"

【注释】①此章所引四句古诗，其出处已无可查考。孔子引用这几句是借题发挥，大概是要说明：只要真心追求，就能追求得到。

乡党篇第十

共二十七章

一

孔子于乡党，恂恂如也，似不能言者。其在宗庙朝廷，便便①言，唯谨尔。

【译文】孔子在家乡的时候，非常恭顺谦和，就像个不会说话的人。在宗庙里、朝廷上，说话清楚明白，只是开口慎重罢了。

【注释】①便便（pián）：形容说话清楚明白。

二

朝，与下大夫言，侃侃如也；与上大夫①言，訚訚②如也。君在，踧踖③如也，与与如也。

【译文】（孔子）上朝时，（在君主来到之前）同下大夫交谈，显出和气愉快的样子；与上大夫交谈，显出恭敬温和的样子。君主临朝时，显出恭敬、威仪适中的样子。

【注释】①下大夫、上大夫：官名。周王室及诸侯各国，卿以下有大夫，分上、中、下三等。②訚：音yín。③踧踖：音cù jí。

三

君召使摈^①，色勃如也，足躩^②如也。揖所与立，左右手，衣前后，襜^③如也。趋进，翼如也。宾退，必复命曰："宾不顾矣。"

【译文】 鲁君召孔子，让他去做傧相。（孔子接待宾客时）神情矜持庄重，走路快而平稳。向站在一起的人作揖，时而向左拱手，时而向右拱手，衣服前后摆动，整齐而不乱。（由中庭）快步向前，（两臂拱起）像鸟儿张开了翅膀。宾客告辞后，他总是回复国君说："宾客已经远去了。"

【注释】 ①摈：即傧，是国君派遣的负责接待外国宾客的官员。②躩：音jué。③襜：音chān，整齐。

四

入公门，鞠躬如也，如不容。立不中门，行不履阈。过位，色勃如也，足躩如也，其言似不足者。摄齐升堂^①，鞠躬如也，屏气似不息者。出，降一等，逞颜色，怡怡如也。没阶，趋进，翼如也。复其位，踧踖如也。

【译文】 孔子进入朝廷大门时，显出恭敬谨慎的样子，好像不容自己进去似的。不停立在门的中间，步行不踩门槛。经过国君（空着的）座位时，脸色顿时庄重起来，步子加快，话音放低，像说话力气不足似的。提起衣摆上堂，谨慎小心的样子，敛身憋气，像停住了呼吸一般。从堂上退出，走下了一级台阶，脸色才舒展开来，显得轻松愉快。下完台阶，快步向前走，像鸟儿展翅一样。回到自己位置上，依然显出恭敬谨慎的样子。

【注释】 ①齐：音zī，衣服的下摆。

五

执圭①，鞠躬如也，如不胜。上如揖，下如授。勃如战色，足蹜蹜如有循。享礼，有容色。私觌，愉愉如也。

【译文】孔子（出使到别国参加典礼时）手里拿着圭，小心谨慎，似乎拿不住的样子。拿上了一点，像是作揖；拿下了一点，像是递给人东西。脸色庄重得战战兢兢，脚步细碎，步幅狭小，像在沿着什么行走。献礼物时，和颜悦色。到了以私人身份跟别国君臣相见时，显得非常轻松愉快。

【注释】①圭：一种玉器，上圆下方，举行典礼时不同身份的人手执不同的圭。大夫出使外国时，所执之圭是自己代表君主出使的身份凭证。

六

君子不以绀𫄸饰，红紫不以为亵服①。
当暑，袗絺绤②，必表而出之。
缁衣，羔裘；素衣，麑裘；黄衣，狐裘。
亵裘长，短右袂。
必有寝衣，长一身有半。
狐貉之厚以居。
去丧，无所不佩。
非帷裳，必杀之。
羔裘玄冠不以吊。
吉月，必朝服而朝。

【译文】君子不用深青透红的颜色做衣服领子和袖口的镶边，粉红色、紫色不用来做平时在家穿的便服。
夏天，穿葛布单衣，必定是穿在内衣的外面。

黑色的罩衣，配里面黑色的羔羊皮袍；白色的罩衣，配里面白色的鹿皮袍；黄色罩衣，配里面黄色的狐皮袍。

在家穿的皮袄做得比一般衣服长一些，右边的袖子短一些。

必定要有睡觉所用的小被，长度要有自身的一倍半。

狐貉皮的厚毛用来做坐垫。

丧期过后，便可以佩戴各种玉器装饰物。

除了礼服（用整幅布做），（做其他衣服）必定要裁边。

不穿黑羔羊皮袍、不戴黑色礼帽去吊丧。

每年正月初一，一定要穿上上朝礼服去朝拜君主。

【注释】①古代帛的染色分许多道工序，一、二、三道染向红的方向，染成之色称纁；纁入黑汁为绀，绀为深青透红色；绀再入黑汁为缬(zōu)，缬黑于绀；入黑汁为玄；玄入黑汁为缁，缁为纯黑。孔子不用绀缬镶边，不用红紫为私居之服，其原因大体有两种解释。郑玄认为，绀缬紫色类乎玄色，红色类乎缁色，而玄、缁是祭服颜色，所以不宜用它们做镶边、亵衣。又一说是认为它们都不是正色，讨厌它们夺了正色。②袗绤绤：音zhěn chī xì。袗，单衣。绤，细葛布。绤，粗葛布。

七

齐①，必有明衣，布。齐必变食，居必迁坐。

【译文】斋戒沐浴时，一定要有清洁的浴衣，用麻布做的。斋戒时，一定要改变饮食，一定要另居一室（单独住）。

【注释】①齐：同"斋"，斋戒。

八

食不厌精，脍不厌细。

食饐而餲^①，鱼馁而肉败，不食。色恶，不食。臭恶^②，不食。失饪，不食。不时，不食。割不正，不食。不得其酱，不食。

肉虽多，不使胜食气。

唯酒无量，不及乱。

沽酒^③市脯，不食。

不撤姜食，不多食。

【译文】（孔子）吃饭不因为米舂得精而多吃，吃肉不因为肉切得细而多吃。

粮食发霉变质了，鱼肉腐败变坏了，都不吃。（食物）颜色变坏了，不吃。气味难闻，不吃。烹饪不熟，不吃。不是进食的时间，不吃。砍割肉的部位、方法不对，不吃。没有合适的调味品，不吃。

席上肉食虽然多，但吃肉的量不超过主食。

只有喝酒不限量，不至于喝醉就行。

没有酿好的酒，买来的干肉，不吃。

（食事完毕）不撤去姜，但也不多吃。

【注释】①饐、餲：饐(yì)，食物经久腐臭。餲(ài)，食物经久而变味。②臭(xiù)：气味。③沽酒：沽通"酤"，一宿之酒。酒经一宿，尚未成酒。

九

祭于公，不宿肉^①。祭肉不出三日。出三日，不食之矣。

【译文】（孔子）参与公室的祭祀，所分得的祭肉不留着过夜。别的祭肉存放不超过三天，超过三天就不吃了。

【注释】①祭于公，不宿肉：古代有大夫助君祭祀之礼。国君祭祀，在临祭之日的清晨杀牲，祭后的第二天要再祭，称作绎祭，绎祭之后，将祭肉分赐给助祭者，以示均分神惠。这样，颁赐所得的祭肉，至少已历两天时间，不可再存放过夜。

十

食不语，寝不言。

【译文】（孔子）吃饭时不讲话，睡下后不言语。

十一

虽疏食菜羹，必祭①，必齐如也。

【译文】（孔子吃饭时）即使是粗米饭、蔬菜汤，也必定先祭一祭，而且必定像斋戒那样毕恭毕敬。

【注释】①这里的"祭"，是祭最初发明饮食的人，以示回报、不忘本。

十二

席不正，不坐。

【译文】（孔子）坐席摆放得不端正，不坐。

十三

乡人饮酒①，杖者②出，斯出矣。

【译文】行乡饮酒礼后，（孔子）等老年人先离席了，然后自己才出去。

【注释】①乡人饮酒：此指乡饮酒礼，古代在乡里举行的一种礼仪，这种礼仪突出敬老的主题。②杖者：指老人。

十四

乡人傩^①，朝服而立于阼阶。

【译文】 乡里人举行驱逐疫鬼的仪式时，（孔子）穿着朝服站立在家庙东面的台阶上（以免先祖之神受到惊吓）。

【注释】 ①傩（nuó）：古代举行驱逐疫鬼的一种仪式。

十五

问人于他邦，再拜而送之。

【译文】 （孔子托人）向其他诸侯国友人问候送礼，要向托付的人连拜两次送行。

十六

康子馈药，拜而受之，曰："丘未达，不敢尝^①。"

【译文】 季康子（派人）送药给孔子，孔子叩拜并接受了药，并说："我不了解它的药性，不敢试尝。"

【注释】 ①古人对赠送的食用物，能尝食的先要尝一下，以表示郑重。孔子因不了解药性，故说"不敢尝"。

十七

厩焚。子退朝，曰："伤人乎？"不问马。

【译文】 马棚失火焚毁。孔子从朝廷回来，问道："伤着人了吗？"他却不问马怎么样。

十八

君赐食，必正席先尝之。君赐腥，必熟而荐之。君赐生，必畜之。侍食于君，君祭，先饭。

【译文】国君赐给熟食，（孔子）一定要摆正座位先尝一下（然后用来供奉祖先）。国君赐给生肉，必定先煮熟，再供奉祖先。国君赐给的活物，必定要将它饲养起来（以示珍惜国君的恩惠）。陪国君用餐，当国君行饭前祭礼时，自己先尝一尝（以此代君尝食，以表敬意）。

十九

疾，君视之。东首，加朝服，拖绅。

【译文】（孔子）病了，国君来看望他。孔子便头朝东（面对国君来的方向躺着），把朝服盖在身上，礼服上的大带拖垂下来（象征按正常礼节见国君）。

二十

君命召，不俟驾行矣。

【译文】国君有事传命召见，（孔子）不等车马准备好，就先动身走了。

二十一

入太庙，每事问①。

【注释】①这两句已见《八佾》篇第十五章。译文参见前文。

二十二

朋友死，无所归，曰："于我殡。"

【译文】朋友死了，没有亲属给他办丧事，孔子说："丧事由我操办吧。"

二十三

朋友之馈，虽车马，非祭肉，不拜。

【译文】朋友的赠品，即使是车马，只要不是祭肉，（孔子在接受时）都不行拜礼。

二十四

寝不尸，居不容①。

【译文】（孔子）睡觉不像死尸那样直挺着，家居时，不像会见客人或自己做客那样恭敬地过分讲究仪式。

【注释】①容：《经典释文》作"客"，今从。

二十五

见齐衰者，虽狎，必变。见冕者与瞽者，虽亵，必以貌。
凶服者式①之。式负版者。
有盛馔②，必变色而作。

迅雷风烈，必变。

【译文】（孔子）见了穿丧服的人，即使是关系亲密的人，神情也必定变得很严肃起来。见了戴礼帽的人和盲人，即使很熟悉的人，也必定很有礼貌。

（行车在路上）遇到穿丧服的人，（孔子）就俯身扶轼（表示同情）。遇到背着国家图籍的人，（孔子）就俯身扶轼（表示敬意）。

有丰盛的筵席，（孔子）必定改变神色，起身（对主人表示谢意）。

遇到疾风迅雷，（孔子）必定改变神色（表示对天敬畏）。

【注释】①式：通"轼"，古代车厢前用作扶手的横木。②馔（zhuàn）：食物（多指美食）。

二十六

升车，必正立，执绥①。车中，不内顾②，不疾言，不亲指。

【译文】（孔子）登车，一定端端正正站好，然后拉着车上的绳子（登车）。在车中，不向外张望，不快言快语，不用手指指画画。

【注释】①绥（suí）：车上的绳子，登车时做拉手用。②不内顾：《鲁论》无"不"字。内顾即收敛视线，不乱看之意。

二十七

色斯举矣，翔而后集。曰："山梁雌雉，时哉！时哉！"子路共之，三嗅而作①。

【译文】（孔子看到山梁上一群野鸡不禁神色一动）野鸡见此神色，飞起来了，后又停落在一起。（孔子）说："这些山梁上的雌雄鸡，识时务啊！"

子路向它们肃然拱手，野鸡长叫几声飞走了。

【注释】①嗅：唐代石经《论语》作"戛"字。戛，像鸟叫声。这一章寓意费解，很多人疑文字有脱漏。译文暂据朱熹的理解。朱熹《四书集注》云："言鸟见人之颜色不善，则飞去；回翔审视而后下止。人之见机而作，审择所处，亦当如此。"

先进篇第十一

共二十六章

一

子曰："先进于礼乐，野人也；后进于礼乐，君子也。如用之，则吾从先进。"

【译文】孔子说："先学习礼乐（而后获得官职）的，是原本无爵无禄普通的人；（先有官位）后学习礼乐的，是卿、士大夫等贵族。如果选用人，我赞成选用先学习礼乐的人。"

二

子曰："从我于陈、蔡者①，皆不及门②也。"

【译文】孔子说："曾跟随我在陈国、蔡国（经历过艰难的困境）的弟子，现在都已不在我的门下受教了。（真是令人想念啊！）"

【注释】①从我于陈、蔡者：公元前489年，孔子带着颜渊、子路等弟子从陈国到蔡国去，途中曾遭陈国人围困，绝粮七天，弟子们饿得站不起来。后因楚人相助，才摆脱困境。②门：指设家塾教育弟子的地方。

三

德行：颜渊，闵子骞，冉伯牛，仲弓。言语：宰我，子贡。政事：冉有，季路。文学①：子游，子夏。

【译文】（孔子弟子中）德行突出的有颜渊、闵子骞、冉伯牛、仲弓；擅长辞令的有宰我、子贡；善于处理政事的有冉有、季路；通晓诗书礼乐等知识的有子游，子夏。

【注释】①文学：指诗书礼乐等文化知识。

四

子曰："回也，非助我者也，于吾言无所不说。"

【译文】孔子说："颜回呀，他不是对我有所帮助的人，因为他对我所讲的话没有不喜爱的。"

五

子曰："孝哉闵子骞！人不间①于其父母昆②弟之言。"

【译文】孔子说："闵子骞真孝啊！人们对于他父母兄弟（夸奖他孝顺）的话，挑剔不出毛病。"

【注释】①间（jiàn）：空隙，此是批判、非议的意思。②昆：兄。

六

南容三复"白圭"①，孔子以其兄之子妻②之。

【译文】南容反复多次诵读有关"白圭"的那几句诗来告诫自己要谨慎，孔子便将自己哥哥的女儿嫁给了他。

【注释】①"白圭"：这里指《诗经·大雅·抑》中有关白圭的四句诗："白圭之玷，尚可磨也；斯言之玷，不可为也。"意思是白圭（一种珍贵而莹洁的玉）上的污点还能磨掉，人们言语中的错误却是不可挽回的，所以言语必须谨慎。②妻：名词用作动词，做妻子。

七

季康子问："弟子孰为好学？"孔子对曰："有颜回者好学，不幸短命死矣，今也则亡①。"

【译文】季康子问道："在你弟子中，谁最好学？"孔子回答说："有个叫颜回的弟子最好学，不幸短命死了，现在啊，没有像他那样好学的了。"

【注释】①此章句子，与《雍也》篇第三章大体一致而略简。

八

颜渊死，颜路请子之车以为之椁①。子曰："才②不才③，亦各言其子也。鲤也死，有棺而无椁。吾不徒行以为之椁。以吾从大夫之后，不可徒行也。"

【译文】颜渊死了，（他父亲）颜路请求孔子把自己的车子卖了为颜渊买一具外椁。孔子说："无论是有才能还是没有才能，各人讲起来也都是自己的儿子。我儿子鲤死的时候，也只有棺而没有椁。我不能为了给他买椁而卖掉车子步行，因为我以前曾经做过大夫，是不可以步行的。"

【注释】①椁（guǒ）：古代有地位的人，死后所用棺材至少有两层，里面一层叫棺，外面一层叫椁。②才：有才能，此指颜渊。③不才：没有才能，此指孔鲤。

九

颜渊死。子曰："噫！天丧予！天丧予！"

【译文】颜渊死了。孔子说："唉！老天爷要我的命呀！老天爷要我的命呀！"

十

颜渊死，子哭之恸。从者曰："子恸矣！"曰："有恸乎？非夫人之为恸而谁为？"

【译文】颜渊死了，孔子为他哭得很悲痛。跟随的弟子说："您太悲伤了！"孔子说："太悲伤了吗？不为他这样的人悲伤，还能为谁悲伤呢？"

十一

颜渊死，门人欲厚葬之。子曰："不可①。"门人厚葬之。子曰："回也视予犹父也，予不得视犹子也。非我也，夫二三子也。"

【译文】颜渊死了，孔子的学生想厚葬他。孔子说："不行。"学生们还是厚葬了他。孔子说："颜回把我像父亲一样看待，（而现在）我却不能把他当儿子一般看待（为他的丧事定主意）。（厚葬）不是我的主意呀，是那些学生们的主意啊！"

【注释】①孔子认为颜渊家中贫困，死后厚葬不恰当。

十二

季路问事鬼神。子曰："未能事人，焉能事鬼？"曰："敢问死。"曰："未知生，焉知死？"

【译文】季路问怎样侍奉鬼神。孔子说："连活人都没有侍奉好，还怎么能去侍奉鬼神呢？"季路又问："我冒昧地再问一下，死是怎么一回事？"孔子说："生的道理都没有弄懂，怎么能够懂得死？"

十三

闵子侍侧，訚訚如也；子路，行行如也；冉有、子贡，侃侃如也。子乐。"若由也，不得其死然。"

【译文】陪立在孔子身边，闵子骞是一副恭敬正直的样子；子路，是刚强不屈的样子；冉有、子贡，是和颜悦色的样子。孔子很高兴。然而，孔子说："像仲由这样，只怕不能寿终而死。"

十四

鲁人为长府①。闵子骞曰："仍②旧贯，如之何？何必改作？"子曰："夫人不言，言必有中。"

【译文】鲁国改建长府。闵子骞说："就照老样子，怎么样？为什么一定要改建呢？"孔子说："闵子骞这个人不爱说话，一旦说话就切中要害。"

【注释】①长府：鲁国藏财货的库名。②仍：因，沿袭。

十五

子曰："由之瑟奚为于丘之门①？"门人不敬子路。子曰："由也升堂矣，未入于室也②。"

【译文】孔子说："仲由弹瑟，为什么在我门下弹？"其他弟子因此瞧不起子路。孔子（因此又解释）说："仲由啊，（学问已经不错，但还没有达到精深的程度）就像已经登上正厅了，还未能进入内室啊。"

【注释】①旧注认为，子路气质刚勇，弹瑟发出的声音缺乏平和安详的音色旋律，所以孔子不喜欢。瑟(sè)：古代的一种乐器，与琴相似。②"升堂""入室"这里比喻做学问由浅入深的过程。

十六

子贡问："师与商①也孰贤？"子曰："师也过，商也不及。"曰："然则师愈与？"子曰："过犹不及。"

【译文】子贡问："颛孙师和卜商相比，哪个贤能？"孔子说："颛孙师做事过头，卜商做事又达不到要求。"子贡说："既然这样，颛孙师贤能一些，是吗？"孔子说："过了头和达不到，同样不好。"

【注释】①师与商：师，颛孙师，字子张；商，卜商，字子夏。

十七

季氏富于周公，而求也为之聚敛而附益之①。子曰："非吾徒也！小子鸣鼓而攻之，可也。"

【译文】季氏比（周天子王朝的）周公还富有，然而冉求还为他搜刮、积聚，增加他的财富。孔子说："（冉求）不是我的弟子！弟子们，你们可以擂起鼓来大造声势地去声讨他。"

【注释】①指冉求帮助季氏进行田赋改革以增加赋税一事。

十八

柴也愚①，参也鲁，师也辟，由也喭②。

【译文】高柴憨愚，曾参迟钝，颛孙师偏激，仲由莽撞。

【注释】①柴：指高柴，字子羔；孔子的弟子。②喭(yàn)：刚烈莽撞。

十九

子曰："回也其庶乎，屡空。赐不受命，而货殖焉，亿①则屡中。"

【译文】孔子说："颜回（的道德学问）该说是差不多了吧，但他常常缺衣少食。端木赐没有经过准许而去经商投机，猜测行情竟常常猜中。"

【注释】①亿：通"臆"，猜度。

二十

子张问善人之道①。子曰："不践迹，亦不入于室②。"

【译文】子张问成为善人的方法。孔子说："（善人）不踩着（前人的）足迹走，也就不能达到前人道德修养的境界。"

【注释】①善人：朱熹认为，"善人"是本质好而未经过学习的人。②入于室：即"到了家"，此指学问、品德修养好了。

二十一

子曰："论笃是与，君子者乎？色庄者乎？"

【译文】孔子说："（人们）称赞说话诚实的人，但这个人究竟是真君子呢，还是仅仅表面上伪装庄重正经呢？"

二十二

子路问："闻斯行诸？"子曰："有父兄在，如之何其闻斯行之？"

冉有问："闻斯行诸？"子曰："闻斯行之。"

公西华曰："由也问'闻斯行诸'，子曰，'有父兄在'；求也问'闻斯行诸'，子曰，'闻斯行之'。赤也惑，敢问。"子曰："求也退，故进之；由也兼人，故退之。"

【译文】子路问道："是不是听了就要照着去做呢？"孔子说："还有父亲、兄长在上面，怎么能（不经请示）听了就去做呢？"

冉有问道："是不是听了就要照着去做呢？"孔子说："听了就要去做。"

公西华说："仲由问'是不是听了就去做呢'，您说'还有父亲、兄长在上面（要请示他们）'；冉求问'是不是听了就去做呢'，您说'听了就要去做'。我感到很迷惑（同一个问题为什么回答不同？），冒昧地问一下原因何在。"孔子说："冉求遇事总是犹豫退缩，所以要督促他去做；仲由胆大过人，所以要将他往后拉一拉。"

二十三

子畏①于匡，颜渊后。子曰："吾以女为死矣。"曰："子在，回何敢死②？"

【译文】孔子（和他的弟子）在匡地被拘禁，（逃脱出来后）颜渊最后才赶上来。孔子说："我以为你已经死了呢。"颜渊说："您还活着，我颜回怎么敢死呢？"

【注释】①畏：指拘囚。②这句意思是，您如果死了，我才敢为您殉死。

二十四

季子然问①："仲由、冉求可谓大臣与②？"子曰："吾以子为异之问，曾③由与求之问。所谓大臣者，以道事君，不可则止。今由与求也，可谓具臣矣。"

曰："然则从之者与？"子曰："弑父与君，亦不从也。"

【译文】季子然问道："仲由、冉求能否称得上重臣？"孔子说："我以为你要问别的人，哪知道问的竟是仲由、冉求。所谓重臣，就要能按照合于仁道的做法去侍奉君主，如果行不通，就辞职不干。说到仲由与冉求，只能算是没有作为的普通的臣子。"

（季子然）又问："既然这样，那么他们会一切听从（季氏）吗？"孔子说："如果是弑父杀君的事，他们是不会听从的。"

【注释】①季子然：鲁国季氏家族中的人。②当时仲由、冉求担任季氏的家臣。③曾(céng)：相当于"乃"，却，竟然的意思。

二十五

子路使子羔为费宰。子曰："贼夫人之子。"子路曰："有民人焉，有社稷①焉，何必读书，然后为学？"子曰："是故恶夫佞者。"

【译文】子路让子羔去做费地的长官。孔子说："这是害了人家的子弟。"子路说："那里有百姓，有土地和五谷，（可以学到治民事神的学问）为什么非要读书才叫作学问？"孔子说："所以，我讨厌强词夺理狡辩的人。"

【注释】①社稷：社，土神；稷，谷神。

二十六

子路、曾皙①、冉有、公西华侍坐。

子曰："以吾一日长乎尔，毋吾以也。居则曰：'不吾知也！'如或知尔，则何以哉？"

子路率尔而对曰："千乘之国，摄乎大国之间，加之以师旅，因之以饥馑；由也为之，比及三年，可使有勇，且知方也。"

夫子哂②之。"求，尔何如？"

对曰："方六七十，如五六十，求也为之，比及三年，可使足民；如其礼乐，以俟君子。"

"赤，尔何如？"

对曰："非曰能之，愿学焉。宗庙之事，如会同③，端章甫④，愿为小相焉。"

"点，尔何如？"

鼓瑟希，铿尔，舍瑟而作，对曰："异乎三子者之撰。"

子曰："何伤乎？亦各言其志也。"

曰："莫春者，春服既成，冠者五六人，童子六七人，浴乎沂⑤，风乎舞雩⑥，咏而归。"

夫子喟⑦然叹曰："吾与点也！"

三子者出，曾皙后。曾皙曰："夫三子者之言何如？"子曰："亦各言其志也已矣。"曰："夫子何哂由也？"曰："为国以礼，其言不让，是故哂之。""唯求则非邦也与？""安见方六七十如五六十而非邦也者？""唯赤则非邦也与？""宗庙会同，非诸侯而何？赤也为之小，孰能为之大？"

【译文】子路、曾皙、冉有、公西华陪坐在孔子身边。

孔子说："因为我年岁比你们都大，但你们不要对此介意而不敢讲真话。你们平日闲居时，总是说：'没有人了解我啊！'如果有人了解你们（并任用你们），那你们准备怎么办呢？"

子路脱口就答道："如果有一个千乘之国，夹在大国的中间，遭受外国军队的侵犯，国内又连年闹饥荒；让我仲由去治理这个国家，只需三年，便可使那里人人有勇气，个个懂道义。"

孔子（听了）淡然一笑。接着又问："冉求，你打算怎样？"

（冉求）回答道："方圆六七十里，或五六十里的地方，由我去治理，三年后，可使那里的百姓生活富足；至于那里的礼乐教化，就有待贤人君子去施行了。"

（孔子又问：）"公西赤，你怎么样？"

（公西赤）回答道："不敢说我能担任，只是愿意向这方面学习。宗庙祭祀的事，或同别的国家举行盟会时，穿上玄端礼服戴上章甫礼帽，我愿当一个小小的司仪。"

孔子又问："曾点，你怎么样？"

弹瑟的声音稀疏了，"铿"的一声停了下来，（曾点）放下瑟起身回答道："我的志向跟他们三位的不同。"

孔子说："有什么关系呢？只不过各自谈谈自己的打算罢了。"

（曾点）说："暮春时节，春天的衣服已经穿在身上，约上五六个成年人，带上六七个小孩，到沂水中洗一洗，在舞雩台上吹吹风，然后一路唱着歌走回来。"

孔子长叹一声说："我赞同曾点（的想法）啊！"

子路等三人走出了门，曾皙后出来。（曾皙）问道："他们三人所说的怎样？"孔子说："不过是各人谈谈自己的打算罢了。"（曾皙）问："那您为什么要笑仲由呢？"孔子说："治理国家应当讲求礼让，而他谈话却不谦虚，因此要笑他。"（曾皙）说："难道冉求所说的就不是（治理）国家吗？""哪里有方圆六七十里或五六十里的地方还称不上一个国家的呢？"（曾皙）说："难道公西赤所说的就不是（治理）国家吗？""宗庙祭祀，同外国盟会，这不是诸侯国的事又是什么？他如果只能做国家的小司仪，谁又能做大司仪呢？（可见他们两人都比仲由谦虚啊。）"

【注释】①曾皙：名点，字子皙，曾参之父，也是孔子的弟子。②哂（shěn）：讥讽地微笑。③会同：古代诸侯不在规定的时间去朝见天子，叫"会"，与其他诸侯一起去朝见，叫"同"。后两君相见也叫"会"。④端：玄端，当代礼服的名称。章甫：古代礼帽的名称。⑤沂：水名。源出曲阜东南尼山，流经曲阜城南注入泗水。⑥舞雩（yú）：祭天求雨的地方，有坛有树木。雩，本是求雨的祭名，雩祭时，伴有舞蹈，故称舞雩。雩祭之处筑有土坛。⑦喟（kuì）：叹息。

颜渊篇第十二

共二十四章

一

颜渊问仁。子曰："克己复礼为仁。一日克己复礼，天下归仁焉。为仁由己，而由人乎哉？"

颜渊曰："请问其目。"子曰："非礼勿视，非礼勿听，非礼勿言，非礼勿动。"

颜渊曰："回虽不敏，请事斯语矣。"

【译文】颜渊问什么是仁。孔子说："克制自己，言行符合礼就是仁。一旦做到这样，天下就会归于仁德了。修养仁德全在于自己，能靠别人吗？"

颜渊说："请问修养仁德的具体条目。"孔子说："不符合礼的东西，不看；不符合礼的话，不听；不符合礼的话，不说；不符合礼的事，不做。"

颜渊说："我即使不才，也请让我照着先生的这番话去做吧。"

二

仲弓问仁。子曰："出门如见大宾，使民如承大祭。己所不欲，勿施于人。在邦无怨，在家无怨。"

仲弓曰："雍虽不敏，请事斯语矣。"

【译文】仲弓问怎样做到仁。孔子说："平常出门就像要去见贵宾一样庄重，使用百姓就像对待重要祭典一般严肃，自己不喜欢的事，不强加给别人。在诸侯那里任职，没有人怨恨你，在卿大夫那里任职，也没有人怨恨你。"

仲弓说："我虽然不才，也请让我照着先生的这番话去做吧。"

三

司马牛问仁^①。子曰："仁者，其言也讱^②。"

曰："其言也讱，斯谓之仁已乎？"子曰："为之难，言之得无讱乎？"

【译文】司马牛问什么是仁。孔子说："仁人，他的话是谨慎的。"

司马牛又问："说话谨慎，这就算仁了吗？"孔子说："事情总是做起来难，说起话来能不谨慎吗？"

【注释】①司马牛：姓司马，名耕，字子牛；孔子的弟子。②讱（rèn）：不轻易出言，说话谨慎。

四

司马牛问君子。子曰："君子不忧不惧。"

曰："不忧不惧，斯谓之君子已乎？"子曰："内省不疚，夫何忧何惧？"

【译文】司马牛问怎样才算是君子。孔子说："君子不忧愁，不恐惧。"

（司马牛）问："不忧愁，不恐惧，这样就能称君子了吗？"孔子说："反省自己而无所愧疚，那还有什么可忧愁、恐惧的呢？"

五

司马牛忧曰："人皆有兄弟，我独亡。"子夏曰："商闻之矣：死生有命，富贵在天。君子敬而无失，与人恭而有礼。四海之内，皆兄弟也——君子何患乎无兄弟也？"

【译文】司马牛忧伤地说："别人都有兄弟，唯独我没有。"子夏说："我听说过这么一句话：死生各有命运主宰，富贵都是上天安排。君子只要做事严肃认真，没有过失，对待别人恭敬有礼就是了，那天下的人，都是兄弟。君子愁什么没有兄弟呢？"

六

子张问明。子曰："浸润之谮①，肤受之愬②，不行焉，可谓明也已矣。浸润之谮，肤受之愬，不行焉，可谓远也已矣。"

【译文】子张问怎样才算心明眼亮。孔子说："使人不知不觉受害的谗言，以及切肤般的诬告，对你都行不通，那你可说是心明眼亮了。使人不知不觉受害的谗言，切肤般诬告，对你都行不通，那你可说是有远见了。"

【注释】①谮(zèn)：诬陷、中伤人的谗言。②愬(sù)：诬告。

七

子贡问政。子曰："足食，足兵，民信之矣。"

子贡曰："必不得已而去，于斯三者何先？"曰："去兵。"

子贡曰："必不得已而去，于斯二者何先？"曰："去食。自古皆有死，民无信不立。"

【译文】子贡问怎样处理政事。孔子说："（要使）粮食充足，军备充足，百姓信任政府。"

子贡问："如果必不得已要在粮食、军备、百姓信任政府这三者中去掉一项，那么哪一项先去掉？"孔子说："去掉军备。"

子贡又问："如果必不得已再去掉一项，那么在剩下的粮食、百姓信任政府两项中先去掉哪一项？"孔子说："去掉粮食。自古以来谁都免不了一死，而百姓不信任政府，它就站立不住。"

八

棘子成曰①："君子质②而已矣，何以文③为？"子贡曰："惜乎，夫子之说君子也！驷不及舌。文犹质也，质犹文也。虎豹之鞟犹犬羊之鞟④。"

【译文】棘子成说："君子只需本质好就行了，为什么还要礼节仪式之类的东西？"子贡说："先生这样谈论君子，真遗憾呀！话已出口，四匹马也追赶不回来了。思想品质和礼节仪式同等重要。如果把虎豹的皮和犬羊的皮都去掉花纹和色彩，那么这两类皮革就一样了。"

【注释】①棘子成：卫国大夫。②质：质地。此指思想品质。③文：文彩。此指礼节仪式。④鞟(kuò)：去掉了毛的兽皮。

九

哀公问于有若曰："年饥，用不足，如之何？"

有若对曰："盍彻①乎？"

曰："二，吾犹不足，如之何其彻也？"

对曰："百姓足，君孰与不足？百姓不足，君孰与足？"

【译文】鲁哀公问有若，说："如果遇到收成不好，国家财用不足，怎么办？"

有若回答说："为什么不实行十成抽一的税法呢？"

哀公说："十或抽二，我还不够，哪能改用十抽一的税法呢？

有若回答说："如果百姓够用了，您怎么会不够用呢？如果百姓不够用，您又怎么会够用呢？"

【注释】①彻：周代的一种田税制度，以收获量的十分之一作为田税。

十

子张问崇德辨惑。子曰："主忠信，徙义，崇德也。爱之欲其生，恶之欲其死。既欲其生，又欲其死，是惑也。'诚不以富，亦只以异①。'"

【译文】子张问怎样提高品德，辨别是非。孔子说："以忠信为宗旨，遵从道义，就能提高品德。爱一个人，就希望他长寿不死，厌恶他，就巴望他立即死掉。既希望他长寿不死，又巴望他立即死掉，这样（好恶无常）便是不辨是非。（《诗经》上说）这样做'肯定不会因此得到好处，只会使人觉得怪异罢了。'"

【注释】①"诚不"两句：出自《诗经·小雅·我行其野》，但原句诗意与本章之旨很不契合，孔子引用在此，大约也还是断章取义，不必拘泥于原意理解。

十一

齐景公问政于孔子。孔子对曰："君君，臣臣，父父，子子。"公曰："善哉！信如君不君，臣不臣，父不父，子不子，虽有粟，吾得而食诸？"

【译文】齐景公问孔子怎样治理好国家。孔子回答说："国君要像做国君的样子，臣子要像做臣子的样子，父亲要像做父亲的样子，儿子要像做儿子的样子。"齐景公说："好极了！真要是君不像君，臣不像臣，父不像父，子不像子，即使有粮食，我能吃得到吗？"

十二

子曰："片言可以折狱者，其由也与？"

子路无宿诺①。

【译文】孔子说："根据一方面的言词就能判定案情的，大概只有仲由吧！"

子路履行诺言，从不拖延。

【注释】①这一句，朱熹认为是《论语》的编者因上一句的内容而附记在这里的，借以说明子路平时诚实守信，使人受到感化，因而也在他面前讲真话。但唐陆德明《经典释文》说，有将此句另作一章的。

十三

子曰："听讼，吾犹人也。必也使无讼乎！"

【译文】孔子说："审理诉讼案件，我同别人是一样的。（所不同的是）务必使诉讼案件完全没有才好！"

十四

子张问政。子曰："居之无倦，行之以忠。"

【译文】子张问怎样从事政治。孔子说："身居官位不要厌倦懈怠，施行政事要尽忠心。"

十五

子曰："博学于文，约之以礼，亦可以弗畔矣夫①！"

【译文】孔子说:"广泛地学习文化典籍,并且用礼来约束自己,也就可以做到不背离正道了呀!"

【注释】①此章已见《雍也》篇第二十七章。

十六

子曰:"君子成人之美,不成人之恶。小人反是。"

【译文】孔子说:"君子要成全别人的好事,不要促成别人的坏事。小人的做法恰好与这相反。"

十七

季康子问政于孔子。孔子对曰:"政者,正也。子帅以正,孰敢不正?"

【译文】季康子问孔子怎样搞好政治。孔子回答说:"'政'这个字的意思就是'正',您如果带头走正道,谁敢不走正道?"

十八

季康子患盗,问于孔子。孔子对曰:"苟子之不欲,虽赏之不窃。"

【译文】季康子苦于盗贼的猖狂,问孔子怎么办。孔子回答说:"假如您自己不贪图财资,即使奖励他们去盗窃,他们也是不会干的。"

十九

季康子问政于孔子曰:"如杀无道,以就有道,何如?"孔子对曰:"子为政，焉用杀？子欲善而民善矣。君子之德风；小人之德草。草上之风，必偃。"

【译文】季康子就怎样执政的问题请教孔子，说："如果杀掉坏人，以此来使人们走正道，怎么样？"孔子回答说："您治理政事，哪用得着杀人？您想做个德行好的人，百姓的德行自然也会好的。君子的德行好比是风，百姓的德行好比是草。风吹在草上，草必定随风而倒。"

二十

子张问："士何如斯可谓之达矣？"子曰："何哉，尔所谓达者？"子张对曰："在邦必闻，在家必闻。"子曰："是闻也，非达也。夫达也者，质直而好义，察言而观色，虑以下人。在邦必达，在家必达。夫闻也者，色取仁而行违，居之不疑。在邦必闻，在家必闻。"

【译文】子张问道："一个读书人，怎样做才可以叫通达呢？"孔子说："你所说的通达，是指什么呢？"子张回答说："在诸侯国任职一定有名声，在卿大夫那里任职也一定有名声。"孔子说："这叫名声而不叫通达。所谓通达，是品质正直，爱好道义，善于察言观色，对人谦让。（这种人）在诸侯国任职必然会通达，在卿大夫那里任职也必然会通达。至于有名声，表面上装出仁德的样子，而行动上违背仁德，并且以仁人自居还心安理得。（这种人）在诸侯国任职时必定会骗取名声，在卿大夫那里任职时也必定会骗取名声。"

二十一

樊迟从游于舞雩之下，曰："敢问崇德，修慝，辨惑。"子曰："善哉问！先事后得，非崇德与？攻其恶，无攻人之恶，非修慝与？一朝之忿，忘其身，以及其亲，非惑与？"

【译文】樊迟跟着孔子出游在舞雩台下，问道："请问怎样提高品德，除去邪念，辨别是非。"孔子说："这个问题问得好啊！事情争先去做，好处最后去得，不就是提高品德了吗？批评自己的缺点，不指责别人的缺点，不就除去邪念了吗？忍不住一时的愤恨，忘了自己的性命安危，以至于连累自己的亲人，这不是糊涂吗？"

二十二

樊迟问仁。子曰："爱人。"问知。子曰："知人。"樊迟未达。子曰："举直错诸枉，能使枉者直。"

樊迟退，见子夏曰："乡也吾见于夫子而问知，子曰：'举直错诸枉，能使枉者直'，何谓也？"

子夏曰："富哉言乎！舜有天下，选于众，举皋陶①，不仁者远矣。汤有天下，选于众，举伊尹②，不仁者远矣。"

【译文】樊迟问什么是仁。孔子说："爱人。"樊迟又问什么是智。孔子说："能识别人。"樊迟没有理解。孔子便又说："把正直的人提拔出来使他们的地位在不正直的人之上，能使不正直的人正直起来。"

樊迟退出来，见了子夏说："刚才我去见老师，问他什么是智，他说，'把正直的人地位提拔到不正直的人之上，能使不正直的人变得正直起来'，这话什么意思呢？"

子夏说："这句话含意丰富啊！（从前）舜拥有天下，在众人中挑选，从中提拔了皋陶，那些不仁的人只好远远地走开了。汤拥有天下，在众人中挑选，从中提拔了伊尹，不仁的人也只好远远地走开了。"

【注释】①皋陶(gāo yáo)：传说是舜的贤臣。②伊尹(yī yǐn)：传说是汤的臣子。

二十三

子贡问友。子曰:"忠告而善道之,不可则止,毋自辱焉。"

【译文】子贡问怎样交友。孔子说:"(如果朋友有了错误)真心诚意地劝告他,好好地引导他,如果他不听,就应该停止,不要自找侮辱。"

二十四

曾子曰:"君子以文会友,以友辅仁。"

【译文】曾子说:"君子靠文章学问结交朋友,靠朋友的交往来帮助培养仁德。"

子路篇第十三

共三十章

一

子路问政。子曰："先①之劳之。"请益。曰："无倦。"

【译文】子路问怎样管理政事。孔子说："自己带头去做，然后役使百姓去做。"子路请求多讲一点儿，孔子说："按上面说的去做不要倦怠就行。"

【注释】①先：导，引导，教导。

二

仲弓为季氏宰，问政。子曰："先有司①，赦小过，举贤才。"

曰："焉知贤才而举之？"子曰："举尔所知；尔所不知，人其舍诸？"

【译文】仲弓担任季氏的家臣，问孔子怎样管理政事。孔子说："对手下办事的人，宽恕他们的小过错，选拔贤能的人才。"

仲弓问："怎么知道哪些是贤能的人而提拔他们呢？"孔子说："提拔你所了解的人；至于你所不了解的人，别人难道会把他们埋没了吗？"

【注释】①有司：管理各项具体事务的官吏，主官的下属。

三

子路曰:"卫君待子而为政,子将奚先?"

子曰:"必也正名乎!"

子路曰:"有是哉,子之迂也!奚其正?"

子曰:"野哉,由也!君子于其所不知,盖阙如也。名不正,则言不顺;言不顺,则事不成;事不成,则礼乐不兴;礼乐不兴,则刑罚不中;刑罚不中,则民无所措手足。故君子名之必可言也,言之必可行也。君子于其言,无所苟而已矣。"

【译文】子路说:"如果卫国国君等您去主持政事,您打算先做什么事?"

孔子说:"必定是先正名分呀!"

子路说:"您真的迂腐到这个地步啊!要正什么名分?"

孔子说:"仲由,你真粗野无礼啊!君子对于他所不懂的道理,大概都应采取存疑的态度。名分不正,说话就不顺理;说话不顺理,事情就办不成;事情办不成,礼乐制度就建立不起来;礼乐制度建立不起来,运用刑罚就不得当;刑罚不得当,百姓就会手足无措。所以君子确定一个名分,必定是能说得清楚的,能说得清楚必定是行得通的。君子对于自己说的话,没有一点随便、马虎才行呢。"

四

樊迟请学稼。子曰:"吾不如老农。"请学为圃。曰:"吾不如老圃。"

樊迟出。子曰:"小人哉,樊须①也!上好礼,则民莫敢不敬;上好义,则民莫敢不服;上好信,则民莫敢不用情。夫如是,则四方之民襁②负其子而至矣,焉用稼?"

【译文】樊迟向孔子请教种庄稼。孔子说:"这我不如老农民。"又请教种菜。孔子说："这我不如老菜农。"

樊迟退了出去。孔子说："这个樊须真是没见识的小人啊！当权者爱好礼仪，百姓就没有谁敢不尊敬；当权者爱好道义，百姓就没有谁敢不服从；当权者爱好诚信，百姓就没有谁敢不以真心待人。如果这样做的话，四方的百姓就会背着孩子来投奔，哪用得着自己去种庄稼呢？"

【注释】①樊须，即是樊迟。②襁(qiǎng)：又称背单，背负小孩用的布单或布带。

五

子曰："诵《诗》三百，授之以政，不达；使于四方，不能专对；虽多，亦奚以为？"

【译文】孔子说："熟读了《诗经》三百篇，交给他政事，却办不通；出使到了外国，却不能独立地应对；（像这样）即使读得再多，又有什么用呢？"

六

子曰："其身正，不令而行；其身不正，虽令不从。"

【译文】孔子说："当权者如果自身品行端正，那么不用号令，百姓就会去做；如果自身品行不端正，那么即使发了号令，百姓也不会服从。"

七

子曰："鲁卫之政，兄弟也。"

【译文】孔子说："鲁国和卫国的政事，像兄弟一样（相似）。"

八

子谓卫公子荆，"善居室。始有，曰：'苟合矣。'少有，曰：'苟完矣。'富有，曰：'苟美矣。'"

【译文】孔子谈到卫国的公子荆时，说："善于理财管家。开始有了一点儿家产时，便说：'凑合够用了。'财物稍微增加了一点时，便说：'差不多完备了。'财物比较富足时，便说：'差不多是完美了。'"

九

子适卫，冉有仆。子曰："庶①矣哉！"冉有曰："既庶矣，又何加焉？"曰："富之。"曰："既富矣，又何加焉？"曰："教之。"

【译文】孔子到卫国去，冉有替他驾车。孔子说："（卫国）人真多啊！"冉有问："人口已经多了，进一步该怎么办？"孔子说："让他们富裕。"又问："富裕之后，再进一步又该怎么办？"孔子说："教育他们。"

【注释】①庶(shù)：多。

十

子曰："苟有用我者，期月而已可也，三年有成。"

【译文】孔子说："假如有人任用我治理国家，一年便能有所起色，三年便能大见成效。"

十一

子曰："'善人为邦百年，亦可以胜残去杀矣。'诚哉是言也！"

【译文】孔子说："'善人治理国家一百年，也就可以战胜残暴，免除杀戮了。'这话确实正确啊！"

十二

子曰："如有王者，必世而后仁。"

【译文】孔子说："即使有圣明的君王出现，也必定要执政三十年才能建成仁德的社会。"

十三

子曰："苟正其身矣，于从政乎何有？不能正其身，如正人何？"

【译文】孔子说："假如自身品行已经端正了，那么治理政事还会有什么困难呢？假如不能端正自身品行，又怎么去端正别人？"

十四

冉子退朝。子曰："何晏也？"对曰："有政。"子曰："其事也。如有政，虽不吾以，吾其与闻之。"

【译文】冉有退朝回来，孔子问："为什么回来这么晚？"冉有答道："有政事要商讨。"孔子说："可能是季氏的私事吧。如果有政事，虽然现在我没被任用，但我还是该知道的。"

十五

定公问："一言而可以兴邦，有诸？"

孔子对曰："言不可以若是，其几也。人之言曰：'为君难，为臣不易。'如知为君之难也，不几乎一言而兴邦乎？"

曰："一言而丧邦，有诸？"

孔子对曰："言不可以若是，其几也。人之言曰：'予无乐乎为君，唯其言而莫予违也。'如其善而莫之违也，不亦善乎？如不善而莫之违也，不几乎一言而丧邦乎？"

【译文】鲁定公问："一句话可以使国家兴旺，有这种情况吗？"

孔子回答说："一句话的效力不可能像这样，但接近这样效力的话或许是有的。有人说：'做国君难，做臣子也不容易。'如果懂得做国君难，就会严肃认真地去做，这不差不多是一句话使国家兴旺了吗？"

（鲁定公又）问："一句话可以使国家灭亡，有这种情况吗？"

孔子回答说："一句话的效力不可能像这样，但接近这样效力的话或许是有的。有人说：'我做国君没有感受到什么快乐，唯一的快乐是我的话没有人敢违抗。'如果他的话正确而没有人违抗，不也是好事吗？如果不正确而没有人违抗，不就差不多是一句话使国家灭亡了吗？"

十六

叶公问政。子曰："近者说，远者来。"

【译文】叶公问孔子怎样执政。孔子说："要使您近处的人高兴愉快，使离您远的人来投奔您。"

十七

子夏为莒父①宰，问政。子曰："无欲速，无见小利。欲速，则不达；见小利，则大事不成。"

【译文】子夏担任莒父城的长官，问孔子怎样办好政事。孔子说："不要只求快，不要只贪图小利。只企求快，反而达不到目的；只贪图小利，就成不了大事。"

【注释】①莒父：鲁国的一个小城邑。

十八

叶公语孔子曰："吾党有直躬者，其父攘羊，而子证之。"孔子曰："吾党之直者异于是：父为子隐，子为父隐，直在其中矣①。"

【译文】叶公告诉孔子说："我们那里有个坦白直率的人，他父亲偷了羊，（他作为）儿子便出来告发。"孔子说："我们那里坦白直率的人跟你们的不一样：父亲为儿子隐瞒，儿子为父亲隐瞒，我们那里的直率就体现在这里了。"

【注释】①在孔子看来，父子互为隐瞒，是天理人情的率直表现，故这么说。

十九

樊迟问仁。子曰："居处恭，执事敬，与人忠。虽之夷狄，不可弃也。"

【译文】樊迟问什么是仁。孔子说："平常在家恭敬庄重，（在外）办事严肃认真，对待别人忠诚恳切。（这三种品德）即使到了边远少数民族地方，也是不能丢弃的。"

二十

子贡问曰："何如斯可谓之士矣？"子曰："行己有耻，使于四方，不辱君命，可谓士矣。"

曰："敢问其次。"

曰："宗族称孝焉，乡党称弟①焉。"

曰："敢问其次。"

曰："言必信，行必果。硁硁然②小人哉！抑亦可以为次矣。"

曰："今之从政者何如？"

子曰："噫！斗筲③之人，何足算也！"

【译文】子贡问道："怎样才配称作士？"孔子说："能用羞耻之心约束自己的行为，出使外国，不辱没国君使命，就配称作士了。"

子贡说："请问次一等的。"

孔子说："宗族称赞他孝顺父母，家乡人称赞他敬重兄长。"

子贡说："请问再次一等的。"

孔子说："说话一定讲信用，做事一定果断。这本是（不懂变通的）固执的小人呀！不过也可以算是再次一等的士了。"

子贡问："现在那些执政的人怎样？"

孔子说："唉！都是些器量狭小的人，哪里值得一提啊！"

【注释】①弟：通"悌"，尊敬兄长。②硁（kēng）然：形容浅薄固执的样子。硁，敲打石头的声音。③斗：古代的量名，一斗等于十升。筲（shāo）：古代的饭筐，能容五升。斗筲：比喻见识和器量狭小。

二十一

子曰："不得中行而与之，必也狂狷乎！狂者进取，狷者有所不为也。"

【译文】孔子说："找不到言行合乎中庸之道的人交往，那必定要同激进的人和耿直的人交往了。激进的人一味进取，耿直的人洁身自好。"

二十二

子曰："南人有言曰：'人而无恒，不可以作巫医①。'善夫！"
"不恒其德，或承之羞。"子曰："不占而已矣。"

【译文】孔子说："南方人有句话说：'做人如果没有恒心，就不可以当巫医。'这句话说得好啊！"

（《易经》上说）"不能长久保持德操，难免遭受羞辱。"孔子说："（这种人）不用占卜（也肯定知道是这种结果）了。"

【注释】①巫医：古代管占筮的"巫"，往往兼作治病的"医"，所以巫医可以通称。这里说"不可以作巫医"，实际指的是巫。《礼记·缁衣》篇说："南人有言曰：人而无恒，不可为卜筮。"可以为证。

二十三

子曰："君子和而不同，小人同而不和。"

【译文】孔子说："君子求和谐共处但不盲目附和，小人盲目附和却不求和谐相处。"

二十四

子贡问曰:"乡人皆好之,何如?"子曰:"未可也。"

"乡人皆恶之,何如?"子曰:"未可也。不如乡人之善者好之,其不善者恶之。"

【译文】子贡问道:"全乡的人都喜欢的人,您觉得这个人怎么样?"孔子说:"还不能认定他好。"

(子贡又问)"全乡的人都讨厌的人,您觉得这个人怎么样?"孔子说:"还不能认定他坏。不如全乡的好人都喜欢他,全乡的坏人都讨厌他(这样的人才能认定他好)。"

二十五

子曰:"君子易事而难说也。说之不以道,不说也;及其使人也,器之。小人难事而易说也。说之虽不以道,说也;及其使人也,求备焉。"

【译文】孔子说:"给君子做事容易,但难以讨他喜欢。不用正当的方式讨他喜欢,他是不会高兴的;等到他任用人时,他能量才任用。给小人做事难,但却容易博得他喜欢。即使用不正当的方式博他喜欢,他也会高兴;等到他任用人时,却百般挑剔,样样求全责备。"

二十六

子曰:"君子泰而不骄,小人骄而不泰。"

【译文】孔子说:"君子心情坦然,不骄傲自大,小人骄傲自大,心情不坦然。"

二十七

子曰:"刚、毅、木、讷近仁。"

【译文】孔子说:"刚强、坚毅、朴实、言语谨慎,这些接近于仁的品德。"

二十八

子路问曰:"何如斯可谓之士矣?"

子曰:"切切偲偲,怡怡如也,可谓士矣。朋友切切偲偲,兄弟怡怡。"

【译文】子路问道:"怎样才可以配称作士?"

孔子说:"相互之间能恳切批评,和睦相处,可以称作士了。朋友之间相互批评,兄弟之间和睦相处。"

二十九

子曰:"善人教民七年,亦可以即戎矣。"

【译文】孔子说:"善人教导民众七年,也可以让他们当兵打仗了。"

三十

子曰:"以不教民战,是谓弃之。"

【译文】孔子说:"用未经军事训练的民众打仗,这可以说是让他们去送命。"

宪问篇第十四

共四十四章

一

宪^①问耻。子曰："邦有道，谷；邦无道，谷，耻也。"

"克、伐、怨、欲，不行焉，可以为仁矣？"子曰："可以为难矣，仁则吾不知也。"

【译文】原宪问什么是耻辱。孔子说："国家有道时，可以做官享用俸禄；国家无道时，也去做官享用俸禄，这就是耻辱。"

（原宪又问）"好胜、自夸、怨恨、贪欲，这些毛病都没有，可以算是仁了吧？"孔子说："可以说是难能可贵的了，至于是否算仁，我不知道。"

【注释】①姓原，名宪，字子思，孔子的学生。

二

子曰："士而怀居，不足以为士矣。"

【译文】孔子说："一个读书人如果眷恋在家的安逸生活，就不配称作读书人了。"

三

子曰："邦有道，危^①言危行；邦无道，危行言孙^②。"

【译文】孔子说："国家有道时，要言语正直，行为正直；国家无道时，要行为正直，言事谨慎。"

【注释】①危：正、正直。②孙(xùn)：通"逊"，谦逊、恭顺。

四

子曰："有德者必有言，有言者不必有德。仁者必有勇，勇者不必有仁。"

【译文】孔子说："有德行的人必定有好言论，有好言论的人不一定就有德行。仁人必定勇敢，勇敢的人不一定就有仁德。"

五

南宫适问于孔子曰①："羿善射②，奡荡舟③，俱不得其死然。禹、稷躬稼而有天下④。"夫子不答。

南宫适出。子曰："君子哉若人！尚德哉若人！"

【译文】南宫适问孔子，说："羿擅长射箭，奡擅长水战，但都不得好死。禹和稷亲自耕种，却得了天下。"孔子没有答话。

南宫适退出。孔子说："这个人真是君子啊！这个人真是崇尚道德啊！"

【注释】①南宫适(kuò)，即孔子的弟子南容。②羿(yì)：古代传说中的射箭能手，夏代有穷国的君主，曾篡夺夏太康的王位，后被其臣寒浞(zhuó)杀掉。③奡(ào)：传说是一个善于水战的大力士，后被夏后少康所杀。荡舟：指水战。④禹、稷：禹，传说是尧、舜之臣，因治水有功，继承了舜的帝位，成为夏代开国君主。稷，即后稷，名弃，舜时农官，曾教民农作，后封于邰，是周朝先祖。

六

子曰："君子而不仁者有矣夫，未有小人而仁者也。"

【译文】孔子说："君子里面不仁的人是有的，但小人里面却没有有仁德的人。"

七

子曰："爱之，能勿劳乎？忠焉，能勿诲乎？"

【译文】孔子说："爱一个人，能不让他劳苦吗？诚心对待一个人，能不教诲他道理吗？"

八

子曰："为命，裨谌①草创之，世叔②讨论之，行人子羽③修饰之，东里子产④润色之。"

【译文】孔子说："（郑国）制定外交政策法令，先由裨谌起草，再由世叔审议，然后由外交官子羽修改加工，最后由东里子产进行文字上的润色修饰完成。"

【注释】①裨谌(bì chén)：郑国大夫。②世叔：郑国大夫。③行人子羽：行人，官名，管朝觐聘问等外事；子羽，郑国大夫公孙挥的字。④东里子产：郑国大夫。东里是地名，子产所居之地。

九

或问子产①。子曰："惠人也。"问子西②。曰："彼哉！彼哉！"问管仲③。曰："人也。夺伯氏骈邑三百④，饭疏食，没齿无怨言。"

【译文】有人问子产是个怎样的人，孔子说："是个宽厚慈爱的人。"又问到子西，孔子说："他呀！他呀！"又问到管仲，孔子说："是个人才。他剥夺了伯氏骈邑三百户的封地，使伯氏只得吃粗粮过日子，但至死（他对管仲）都没有怨言。"

【注释】①子产：见《公冶长》篇第十六章注。②子西，即郑子西，与子产为同宗兄弟，因两人在郑相继执政，而使优劣相形易见。下说"彼哉！彼哉！"含有不值得称许之意。③管仲：见《八佾》篇第二十二章注。④伯氏：齐国大夫，因罪被管仲剥夺采邑；由于管仲执法公允，故伯氏至死无怨言。骈（pián）邑，齐国地名。

十

子曰："贫而无怨难，富而无骄易。"

【译文】孔子说："贫困但没有怨恨，很难做到；富有却不傲慢，则容易做到。"

十一

子曰："孟公绰为赵、魏老则优①，不可以为滕、薛大夫②。"

【译文】孔子说："孟公绰（以他的能力），如果让他担任晋国赵氏、魏氏的家臣，那是有余的，但是却不可以让他做滕国、薛国的大夫。"

【注释】①孟公绰：鲁国大夫，为人清静寡欲，受孔子尊敬。优：宽绰，有余裕。②滕、薛：春秋时的两个小国，都在鲁国附近。赵氏、魏氏手下贤人多，家臣清闲，故孟公绰足可担任；而滕、薛，国虽小而政务繁，大夫职责重，故孟公绰不能胜任。

十二

子路问成人。子曰："若臧武仲之知①，公绰之不欲，卞庄子之勇②，冉求之艺，文之以礼乐，亦可以为成人矣。"曰："今之成人者何必然？见利思义，见危授命，久要③不忘平生之言，亦可以为成人矣。"

【译文】子路问怎样才是一个完善的人。孔子说："要有臧武仲那样的智慧过人，孟公绰那样的清廉寡欲，卞庄子那样的勇敢无畏，冉求那样的多才多艺，再加上礼乐的修养，也就可以称为完美的人了。"孔子又说："现在的完人何必一定要这样？见到利益时就思忖取来是否合理，面对危难敢于献出生命，长期处于贫困，却不忘平生的诺言，也就可以算是完人了。"

【注释】①臧武仲，即臧孙纥(gē)，鲁国大夫，以知识丰富著称。②卞庄子：鲁国大夫，以勇力著称。③要(yāo)：同"约"，穷困。

十三

子问公叔文子于公明贾①曰："信乎，夫子不言，不笑，不取乎？"

公明贾对曰："以告者过也。夫子时然后言，人不厌其言；乐然后笑，人不厌其笑；义然后取，人不厌其取。"

子曰："其然？岂其然乎？"

【译文】孔子向公明贾问公叔文子的情况，说："这位先生平时不说、不笑、不取利益，这是真的吗？"

公明贾回答道："这是告诉你这话的人讲错了。这位先生恰当的时候才说，所以别人不讨厌他说；高兴了才笑，所以别人不反感他笑；该取的时候才取，所以别人不厌恶他取。"

孔子说："是这样吗？难道真是这样吗？"

【注释】①公叔文子：卫国大夫，卫献公之孙，名拔，谥号"文"。公明贾：卫国人，姓公明，名贾，公叔文子的使臣。

十四

子曰："臧武仲以防求为后于鲁①，虽曰不要君②，吾不信也。"

【译文】孔子说："臧武仲凭借他的封地防城，要求鲁君在鲁国为臧氏立下继承人，尽管有人说这不是要挟国君，但我不相信。"

【注释】①臧武仲曾因得罪孟孙氏而逃亡到邾国，后又回到其封地防邑，派人向鲁君请求为臧氏立后，以不废先人宗庙祭祀，自己愿为此让出封地。后鲁君立臧武仲的同父异母兄弟臧为为臧氏继承人，臧武仲遂献出防邑逃亡到齐国。②要(yāo)：要挟。

十五

子曰："晋文公谲而不正①，齐桓公正而不谲②。"

【译文】孔子说："晋文公诡诈、不正派，齐桓公正派、不诡诈。"

【注释】①晋文公：晋国国君，春秋五霸之一，姓姬，名重耳。他曾召周天子而迫使各地诸侯来朝见。谲(jué)：欺诈，玩弄权术。②齐桓公：齐国国君，春秋五霸之一，姓姜，名小白。

十六

子路曰："桓公杀公子纠，召忽死之，管仲不死^①。"曰："未仁乎？"

子曰："桓公九合诸侯^②，不以兵车，管仲之力也。如其仁！如其仁！"

【译文】子路说："齐桓公杀死他哥哥公子纠，（作为公子纠家臣的）召忽为此而自杀殉命，（而同样作为家臣的）管仲却没有跟着去死。"子路接着说："管仲算不上仁吧？"

孔子说："齐桓公多次召集诸侯共商会盟，却不凭借武力，这是靠了管仲的力量。这就是他的仁德！这就是他的仁德！"

【注释】①齐桓公和公子纠是兄弟。齐襄公死后，桓公夺得君位，杀了公子纠。纠的家臣自杀殉主，管仲也是纠的家臣，却不愿自杀，归顺了桓公，后辅佐桓公成就了霸业。②九合诸侯：多次召集诸侯共商会盟，九泛指多。

十七

子贡曰："管仲非仁者与？桓公杀公子纠，不能死，又相之。"

子曰："管仲相桓公，霸诸侯，一匡天下，民到于今受其赐。微管仲，吾其被发左衽矣^①。岂若匹夫匹妇之为谅^②也，自经于沟渎而莫之知也？"

【译文】子贡说："管仲不是仁人吧？齐桓公杀了他的主人公子纠，他不仅不为主殉死，反而去辅佐桓公。"

孔子说："管仲辅佐齐桓公，使他称霸诸侯，匡正天下，老百姓至今还享受着他带来的好处。如果没有管仲，我们大概也得（像野蛮不开化的民族那样）披散着头发，左掩着衣襟了。难道他非得像寻常男女似的死守着小节小信，自杀在山沟里，还没有人知道吗？"

【注释】①这句是说，如果没有管仲，天下混战不止，社会将倒退，中原地区的人将沦为落后民族。被：通"披"。左衽(rèn)：衣襟向左边开，这是夷狄的打扮。②谅：诚信，遵守信用。

十八

公叔文子之臣大夫僎与文子同升诸公①。子闻之，曰："可以为'文'矣。"

【译文】 公叔文子的家臣大夫僎，（由文子推荐）和文子一样升为卫国的大夫。孔子听说了这件事，说："凭这一点，公叔文子真可以谥号作'文'了。"

【注释】 ①臣大夫僎(xún)：臣大夫，即家臣大夫，是家臣中最高的一级；僎，人名。

十九

子言卫灵公之无道也，康子曰："夫如是，奚而不丧？"孔子曰："仲叔圉治宾客，祝鱼它治宗庙，王孙贾治军旅①。夫如是，奚其丧？"

【译文】 孔子谈到卫灵公的昏庸无道时，季康子说："既然像他这样，为什么还没有亡国？"孔子说："他有仲叔圉接待宾客，祝鱼它主管祭礼，王孙贾统领军队。像这样，怎么会亡国呢？"

【注释】 ①仲叔圉(yǔ)、祝(tuó)、王孙贾，都是卫国大夫。

二十

子曰："其言之不怍①，则为之也难。"

【译文】孔子说："如果一个人说起话来大言不惭，那么，要他做些实事一定很难。"

【注释】①怍（zuò）：惭愧。

二十一

陈成子^①弑简公。孔子沐浴而朝，告于哀公曰^②："陈恒弑其君，请讨之。"公曰："告夫三子^③。"

孔子曰："以吾从大夫之后，不敢不告也。君曰'告夫三子'者！"

之三子告。不可。孔子曰："以吾从大夫之后，不敢不告也。"

【译文】（齐国大夫）陈成子杀了齐简公。孔子斋戒沐浴后上朝见鲁哀公，报告鲁哀公说："陈恒杀了他的国君，请出兵讨伐他。"哀公说："你去报告那三位大夫吧！"

孔子（退出后）说："因为我也曾经做过大夫，所以不敢不来报告，国君却说'去报告那三位大夫'！"

孔子于是便到三位大夫那里报告。三位大夫不同意出兵讨伐。孔子（从三位大夫那里回来）说："因为我也曾经做过大夫，所以是不敢不报告。"

【注释】①陈成子：齐国大夫，名恒。本姓陈，为陈国公族之后，其先人来到齐国之后改姓田。②孔子认为臣弑君是大逆不道的，为了表示郑重其事，故"沐浴而朝"。③三子：指当时把持鲁国政权的季孙、孟孙、叔孙三人。鲁哀公不敢做主，故要孔子向季孙等三人报告。

二十二

子路问事君。子曰："勿欺也，而犯之。"

【译文】子路问怎样侍奉君主。孔子说："不要欺瞒君主，但可以当面指出他的过错，规劝他。"

二十三

子曰："君子上达，小人下达。"

【译文】孔子说："君子通达于仁义，小人通达于财利。"

二十四

子曰："古之学者为己，今之学者为人。"

【译文】孔子说："古代的人求学是为了提高自己的道德学问，现在的人求学是为了装饰给别人看。"

二十五

蘧伯玉使人于孔子[①]。孔子与之坐而问焉，曰："夫子何为？"对曰："夫子欲寡其过而未能也。"

使者出。子曰："使乎！使乎！"

【译文】蘧伯玉派人拜访孔子。孔子请来人坐下，然后问道："你们先生近来在做什么？"来人回答说："我们先生想尽量减少自己的过错，却还未能如愿。"

来人辞别出去后，孔子连声称赞说："好使者啊！真是好使者啊！"

【注释】①蘧(qú)伯玉：卫国大夫，名瑗。孔子在卫国时曾住在他家。

二十六

子曰："不在其位，不谋其政。"①

曾子曰："君子思不出其位。"

【译文】孔子说："不在那个职位上，就不要谋划那个职位的政事。"

曾子说："君子考虑事情不超出他职位的范围。"

【注释】①本句已见《泰伯》篇第十四章，可参看。

二十七

子曰："君子耻其言而过其行。"

【译文】孔子说："君子认为自己说过的话超过了自己所做的事是可耻的。"

二十八

子曰："君子道者三，我无能焉：仁者不忧，知者不惑，勇者不惧。"子贡曰："夫子自道也。"

【译文】孔子说："君子看重的有三个方面，我一条也没能做到：仁者不忧愁，智者不迷惑，勇者不惧怕。"子贡说："（这三方面）恰好是老师的自我表述呀！"

二十九

子贡方①人。子曰："赐也贤乎哉？夫我则不暇。"

【译文】子贡爱议论别人的毛病。孔子说："赐呀，你自己就那么好吗？至于我对这些情况，就没有那份闲工夫。"

【注释】①方：同"谤"，说别人的坏话。

三十

子曰："不患人之不己知，患其不能也。"

【译文】孔子说："不担心别人不了解自己，只担心自己没有才能。"

三十一

子曰："不逆诈，不亿不信，抑亦先觉者，是贤乎！"

【译文】孔子说："不事先猜疑别人欺诈，不凭空臆测别人不诚信，但（如果遇到这类事）却能预先察觉，这种人就是贤人啊！"

三十二

微生亩谓孔子曰①："丘何为是栖栖②者与？无乃为佞乎？"孔子曰："非敢为佞也，疾固也。"

【译文】微生亩对孔子说："你为什么要这样匆匆忙忙奔波（到处游说）呢？该不是想卖弄口才吧？"孔子说："我不敢卖弄口才，而是痛心世人顽固不化（不通仁义之道）。"

【注释】①微生亩：姓微生，名亩，大概是个隐者。②栖栖：忙忙碌碌的样子。

三十三

子曰："骥不称其力，称其德也。"

【译文】孔子说："对于千里马，不是要赞扬它的力气，而是要赞扬它的品德。"

三十四

或曰："以德报怨，何如？"

子曰："何以报德？以直报怨，以德报德。"

【译文】有人问孔子说："用自己的恩德来回报别人的怨恨，怎么样？"

孔子说："（如果是这样）那么用什么来回报别人的恩德呢？（应该）用正直公平回报怨恨，用恩德回报恩德。"

三十五

子曰："莫我知也夫！"子贡曰："何为其莫知子也？"子曰："不怨天，不尤人，下学而上达。知我者其天乎！"

【译文】孔子感慨道："没有人能了解我啊！"子贡问："为什么没有人了解您呢？"孔子说："我不埋怨天，不责备人，下学贯礼仪文章而上通达性和天命。了解我的大概只有天吧！"

三十六

公伯寮愬子路于季孙①。子服景伯以告②，曰："夫子固有惑志于公伯寮，吾力犹能肆③诸市朝。"

子曰："道之将行也与，命也；道之将废也与，命也。公伯寮其如命何！"

【译文】公伯寮在季孙氏面前说子路的坏话。子服景伯将这件事告诉了孔子，并且说："季孙氏肯定被公伯寮的谗言迷惑了（已经对子路起了疑心），但凭我的能力还能（向季孙氏解释清楚，使季孙氏杀了公伯寮）将他的尸首放在街头示众。"

孔子说："我的主张要能实现，这是天命；我的主张要是被废弃，那也是天命。公伯寮又能把天命怎么样！"

【注释】①公伯寮：字子周，孔子的弟子，曾任季氏家臣。子路当时担任季孙氏的家臣。愬(sù)：同"诉"，毁谤。②子服景伯：鲁国大夫。子服是姓氏，"景"是谥号，字伯，名何。③肆：陈列死尸。

三十七

子曰："贤者辟世，其次辟地，其次辟色，其次辟言。"
子曰："作者七人矣①。"

【译文】孔子说："贤人躲避开恶浊的社会现实（而隐居），次一等的躲避开一个地方到另一个地方去居住，再次一等的躲避开别人难看的脸色，再次一等的躲避开别人的恶言恶语。"

孔子补充说："这样做的已经有七个人了。"

【注释】①七人：有人认为这七人就是《微子》篇第八章所列的七位"逸民"：伯夷、叔齐、虞仲、夷逸、朱张、柳下惠、少连。

三十八

子路宿于石门。晨，门曰："奚自？"子路曰："自孔氏。"曰："是知其不可而为之者与？"

【译文】子路夜宿在石门。（第二天清晨进城）守门的人问道："你从哪儿来？"子路说："从孔子那里来。"守门人说："是明知道行不通却还仍然要干的那个人吗？"

三十九

子击磬于卫，有荷蒉①而过孔氏之门者，曰："有心哉，击磬乎！"既而曰："鄙哉，硁硁乎！莫己知也，斯己而已矣。深则厉，浅则揭②。"

子曰："果哉！末之难矣。"

【译文】孔子在卫国，一天正敲磬，有个挑着草筐的人刚好从门口经过，说道："这人敲磬，有心思呀！"过了一会儿又说："磬声硁硁，沉闷鄙俗啊！没有人了解自己，那就独善其身罢了。（好比过河）水深，就穿着衣裳涉水过去；水浅，就提起衣裳蹚过去。"

孔子说："真果决啊！我要说服他难啊。"

【注释】①蒉（kuì）：盛土的草编器具。②深则厉，浅则揭：引自《诗经·邶风·匏有苦叶》。

四十

子张曰："《书》云：'高宗谅阴①，三年不言。'何谓也？"

子曰："何必高宗，古之人皆然。君薨②，百官总己以听于冢宰三年③。"

【译文】子张说:"《尚书》上说:'殷高宗居丧守孝,三年不议政。'这是什么意思?"

孔子说:"不一定高宗是这样,古人都是这样。国君死了(继位的国君三年不谈政事),朝廷百官各自统管好自己的职事且听命于宰相,这种状况要持续三年。"

【注释】①高宗,即商王武丁。②薨(hōng):古代称诸侯死叫"薨"。③冢宰:官名,辅佐天子之官,后世因以冢宰为宰相之称。

四十一

子曰:"上好礼,则民易使也。"

【译文】孔子说:"在高位的人遵从礼法,那么百姓就容易役使了。"

四十二

子路问君子。子曰:"修己以敬。"曰:"如斯而已乎?"曰:"修己以安人。"曰:"如斯而已乎?"曰:"修己以安百姓。修己以安百姓,尧、舜其犹病诸!"

【译文】子路问怎样做一个君子。孔子说:"修养自己,使恭敬谦逊。"子路说:"像这样就行了吗?"孔子说:"修养自己,以使亲朋好友们得到安乐。"子路说:"像这样就行了吗?"孔子说:"修养自己,以使百姓得到安乐。修养自己,以使百姓得到安乐,尧、舜大概还难于做到这点呢!"

四十三

原壤夷俟①。子曰:"幼而不孙弟②,长而无述焉,老而不死,是为贼。"

以杖叩其胫。

【译文】原壤两腿叉开坐着等孔子来。孔子说："你小时候就不讲礼节，长大了毫无所成，老了还不快死，这真是害人精。"边说边用手杖敲原壤的小腿。

【注释】①原壤：鲁国人，是孔子的老朋友。夷：箕踞，即坐时两脚叉开前伸，形状像箕一样，这是无礼的表现。俟(sì)：等待。②孙(xùn)弟：同"逊悌"，这里泛指礼节。

四十四

阙党童子将命①。或问之曰："益者与？"子曰："吾见其居于位也，见其与先生并行也。非求益者也，欲速成者也。"

【译文】阙党的一个少年来向孔子传话。有人便问孔子："这少年能有长进吗？"孔子说："我看他坐在大人的位子上，又看到他与长辈长者并排走路，（这表明）他不是个求长进的人，而是个急于求成的人罢了。"

【注释】①阙党：里巷名，孔子故居所在地。

卫灵公篇第十五

共四十二章

一

卫灵公问陈①于孔子。孔子对曰："俎豆之事②，则尝闻之矣；军旅之事，未之学也。"明日遂行。

【译文】卫灵公向孔子询问打仗怎样布阵。孔子回答说："礼仪方面的事，我曾听说过；军队方面的事，我从来没有学习过。"第二天，孔子就离开了卫国。

【注释】①陈：同"阵"。②俎豆之事：俎、豆，都是古代盛食物的器皿，举行礼仪时可用作礼器。俎豆之事，即指礼仪之事。

二

在陈绝粮，从者病，莫能兴。子路愠见曰："君子亦有穷乎？"子曰："君子固穷，小人穷斯滥矣。"

【译文】（孔子一行）在陈国（被围困而）断了粮，跟随他的弟子都饿倒了，站立不起来。子路满是怨气来见孔子，说："君子也有穷困的时候吗？"孔子说："君子在穷困时，能坚守住节操，小人穷困了，就会为所欲为了。"

三

子曰："赐也，女以予为多学而识之者与？"对曰："然，非与？"曰："非也，予一以贯之。"

【译文】孔子说："赐呀，你以为我是学得知识多又记得住吗？"子贡回答说："是的，难道不是这样吗？"孔子说："不是的，我是能够用一个基本思想贯穿学问的。"

四

子曰："由，知德者鲜矣！"

【译文】孔子说："仲由呀，懂得'德'的人确实太少啦！"

五

子曰："无为而治者，其舜也与①？夫何为哉？恭己正南面而已矣。"

【译文】孔子说："自己不做什么而使天下太平的人，大概只有舜吧？他做了些什么呢？只是自己恭敬端正地面朝南，坐在君王的位置上罢了。"

【注释】①传说舜善于提拔、任用贤人来管理各方面的事情，所以不需要自己亲自操劳政事而天下太平。这就是"无为而治"的意思。

六

子张问行。子曰："言忠信，行笃敬，虽蛮貊之邦，行矣。言不忠信，行不笃敬，虽州里，行乎哉？立则见其参于前也，在舆则见其倚于衡也，夫然后行。"子张书诸绅。

【译文】子张问怎样（使自己的主张）行得通。孔子说："说话真诚守信，做事厚道谨慎，那么即使到了少数民族的偏僻国家也能行得通。如果说话不真诚守信，做事不厚道谨慎，那么即使在本乡本土，又怎能行得通呢？站着时，似乎就看见忠信笃敬几个字展现在自己面前；坐车时，似乎就看见这几个字呈现在车辕的横木上，做到这样就能使自己的主张处处行得通了。"子张把这些话写在自己的衣带上。

七

子曰："直哉，史鱼①！邦有道，如矢；邦无道，如矢。君子哉，蘧伯玉！邦有道，则仕；邦无道，则可卷而怀之。"

【译文】孔子说："史鱼是多么正直啊！国家有道时，他像箭一样刚直；国家无道时，也像箭一样刚直。蘧伯玉真是个君子啊！国家有道时，他就出来做官；国家无道时，他就（不做官）收起才能退隐起来。"

【注释】①史鱼：卫国大夫，姓史，名鲻(qiū)，字子鱼。《韩诗外传》卷七记载：史鱼曾多次劝谏卫灵公进用蘧伯玉，贬退弥子瑕，未被接受。史鱼因此感到没有尽职，临终前告诉儿子不要在正堂上为自己治丧。死后，儿子遵嘱治丧，卫灵公得知此事后便起用了蘧伯玉，贬黜了弥子瑕。史鱼生以身谏，死以尸谏，人们赞扬他正直。

八

子曰："可与言而不与之言，失人；不可与言而与之言，失言。知者不失人，亦不失言。"

【译文】孔子说："可以和他交谈却不去交谈，这就会失掉人才；不可以和他交谈，却去和他交谈，这是白费口舌。聪明人既不损失人才，又不白费口舌。"

九

子曰："志士仁人，无求生以害仁，有杀身以成仁。"

【译文】孔子说："志士仁人，不会为了苟全性命而损害仁德，只会豁出性命去保全仁德。"

十

子贡问为仁。子曰："工欲善其事，必先利其器。居是邦也，事其大夫之贤者，友其士之仁者。"

【译文】子贡问怎样实行仁道。孔子说："工匠要使他的活儿干得好，必定先要使他的工具顺手、锋利。（要想实行仁道）我们居住在一个国家，就要侍奉那些大夫中的贤者，结交那些士人中的仁者。"

十一

颜渊问为邦。子曰："行夏之时①，乘殷之辂②，服周之冕③，乐则《韶》《舞》④。放郑声，远佞人。郑声淫，佞人殆⑤。"

【译文】颜渊问怎样治国。孔子说："推行夏代的历法，乘坐殷代的车子，戴用周代的礼帽，音乐就演奏《韶》曲、《舞》曲。鄙弃郑国的音乐，疏远奸佞小人。因为郑国的音乐淫靡，奸佞的小人危险。"

【注释】①夏之时：时，指历法。古代以冬至所在月为子月，其下顺次为丑月、寅月，等等。三代历法不同，在于各有不同的春正月。周以子月为春正月，殷以丑月为春正月，夏以寅月为春正月。夏历符合四季更迭，便于人们从事农业生产，所以即使在殷、周，夏历仍然实行。②乘殷之辂(lù)：辂，绑在车辕上用来牵引车子的横木，这里指车子。周制有五辂，玉、金、象、革、木，并多文饰，其中木辂最质朴。殷之辂也是木辂，孔子崇尚质朴，所以主张"乘殷之辂"。③服周之冕：冕，指礼帽。周代礼帽较前代华贵精致，孔子不反对礼服华美，所以主张"服周之冕。"④《韶》《舞》：《韶》，传说是舜时的乐曲；《舞》，传说是周武王时的乐曲。⑤殆(dài)：危险。

十二

子曰："人无远虑，必有近忧。"

【译文】孔子说："一个人没有长远的考虑，就一定会有眼前的忧患。"

十三

子曰："已矣乎！吾未见好德如好色者也①。"

【译文】孔子说："罢了啊！我从来没有见到过喜欢仁德像喜欢美色那样的人呢！"

【注释】①此句已见于《子罕》篇第十八章，可参看。

十四

子曰："臧文仲其窃位者与①！知柳下惠之贤而不与立也②。"

【译文】孔子说："臧文仲该算是个窃居官位的人了吧！他知道柳下惠贤能，却不举用他做官。"

【注释】①臧文仲，即臧孙辰，鲁国大夫。②柳下惠：鲁国人，以贤著称，姓展，名获，字禽。柳下，封地名；"惠"，谥号。

十五

子曰："躬自厚而薄责于人，则远怨矣。"

【译文】孔子说："对自己要多反省责备，对别人要少省察责备，这样就可以避免怨恨了。"

十六

子曰："不曰'如之何，如之何'者，吾未如之何也已矣。"

【译文】孔子说："遇事从不说'怎么办，怎么办'的人，我也不知道对他怎么办才好。"

十七

子曰："群居终日，言不及义，好行小慧，难矣哉！"

【译文】孔子说："整天聚集在一起，言谈从不提到道义，只喜欢耍弄小聪明，这种人是难有作为了！"

十八

子曰："君子义以为质，礼以行之，孙以出之，信以成之。君子哉！"

【译文】孔子说："君子把道义看作做人的根本，按照礼的规范去做，用谦逊的言语来表达，用诚实的态度来完成。这才是真君子啊！"

十九

子曰："君子病①无能焉，不病人之不己知也。"

【译文】孔子说："君子只担心自己没有能力，不担心别人不了解自己。"
【注释】①病：怕，担心。

二十

子曰："君子疾没世①而名不称焉。"

【译文】孔子说："君子所担心的是直到死时还不被人称道。"
【注释】①没（mò）世：死亡。

二十一

子曰："君子求诸己，小人求诸人。"

【译文】孔子说："君子对自己严要求，小人对他人严苛求。"

二十二

子曰："君子矜而不争，群而不党。"

【译文】孔子说："君子端庄自持，不与人争执；能与人合群相处，但不与人相互勾结。"

二十三

子曰："君子不以言举人，不以人废言。"

【译文】孔子说："君子不因为一个人话说得动听而荐举他，不因为一个人品行差而鄙弃他正确的话。"

二十四

子贡问曰："有一言而可以终身行之者乎？"子曰："其'恕'乎！己所不欲，勿施于人。"

【译文】子贡问道："有没有一句话可以终身奉行的呢？"孔子说："大概是'恕'吧！自己都不想得到的，不要施加给别人。"

二十五

子曰："吾之于人也，谁毁谁誉？如有所誉者，其有所试矣。斯民也，三代之所以直道而行也。"

【译文】孔子说："我对于别人，（何曾出于私心）诋毁过谁，称赞过谁？如果有所称赞，必定是实际检验过（确实值得称赞）的。夏、商、周三代的人都这样，所以三代能在正道上顺利进行。"

二十六

子曰："吾犹及史之阙文①也。有马者借人乘之。今亡矣夫！"

【译文】孔子说："我曾看到过史官因存疑而有空缺的记载。（我又曾听说过）有马的人将马借给别人乘用。这种好风气，现在是没有了。"

【注释】①阙：通"缺"。阙文，即空缺的字。史官记事，有疑难之处就缺出空白以存疑。

二十七

子曰："巧言乱德。小不忍，则乱大谋。"

【译文】孔子说："花言巧语会败坏人的美德。小事不能容忍，就会坏了大事。"

二十八

子曰："众恶之，必察焉；众好之，必察焉。"

【译文】孔子说："大家都讨厌他，（自己不能轻从）必定要亲自明察一下；大家都喜欢他，（自己也不能轻从）必定要亲自明察一下。"

二十九

子曰："人能弘道，非道弘人。"

【译文】孔子说："人的才干能使道得到弘扬，而不是道能扩大人的才干。"

三十

子曰："过而不改，是谓过矣。"

【译文】孔子说："有了过错而不改正，这才叫真正的过错。"

三十一

子曰："吾尝终日不食、终夜不寝以思，无益，不如学也。"

【译文】孔子说："我曾经整天不吃、整夜不睡地思考，但没有好处，比不上去学习。"

三十二

子曰："君子谋道不谋食。耕也，馁在其中矣；学也，禄在其中矣。君子忧道不忧贫。"

【译文】孔子说："君子谋求学道，不谋求衣食。耕田，免不了挨饿；学道，可以做官得到俸禄。所以君子只愁没有学到道，不愁生活贫困。"

三十三

子曰："知及之，仁不能守之；虽得之，必失之。知及之，仁能守之；不庄以莅①之，则民不敬。知及之，仁能守之，庄以莅之，动之不以礼，未善也。"

【译文】孔子说："凭才智可以谋得职位，但如果不用仁德去保持它，即使得到了，也必定会失掉。凭才智谋得了职位，又能用仁德保持它，但不能以庄重的态度对待百姓，百姓就不会敬重他。凭才智得到官职，仁德足以守住它，又能以庄重的态度对待百姓，但不能按礼的规定使用百姓，仍然不能算好。"

【注释】①莅(lì)：临，到。

三十四

子曰："君子不可小知而可大受也，小人不可大受而可小知也。"

【译文】孔子说："君子不可以从小事情上去考查他，却可授予他大责任；小人不可以授予他大责任，却可以用小事情去考验他。"

三十五

子曰:"民之于仁也,甚于水火。水火,吾见蹈而死者矣,未见蹈仁而死者也。"

【译文】孔子说:"老百姓对仁德的需要,超过了对水火的需要。水和火,我只见过踏进水火而丧生的,从没见过实行仁德而丢命的。"

三十六

子曰:"当仁,不让于师。"

【译文】孔子说:"在实行仁的问题上,(要抢先去做)同老师也不要谦让。"

三十七

子曰:"君子贞而不谅。"

【译文】孔子说:"君子守大信,不拘泥于小信。"

三十八

子曰:"事君,敬其事而后其食。"

【译文】孔子说:"侍奉国君,要先敬守自己的职责,后考虑享受俸禄。"

三十九

子曰:"有教无类。"

【译文】孔子说："给以人人教育，不要有（贵贱、贫富的）区别。"

四十

子曰："道不同，不相为谋。"

【译文】孔子说："思想主张不同，就不能一起商议谋划事情。"

四十一

子曰："辞达而已矣。"

【译文】孔子说："言辞只要能表达清楚意思就行了。"

四十二

师冕见①。及阶，子曰："阶也。"及席，子曰："席也。"皆坐，子告之曰："某在斯，某在斯。"

师冕出。子张问曰："与师言之道与？"子曰："然，固相②师之道也。"

【译文】师冕来见孔子。到了台阶跟前，孔子就说："这是台阶了。"到了座席跟前，孔子就说："这是坐席了。"大家坐定了，孔子又一一告诉他："某人坐在这里，某人坐在那里。"

师冕辞别走了。子张问道："这是同乐师讲话的方式吗？"孔子说："是的，这的确是帮助乐师的方式。"

【注释】①师冕：师，乐师；这位乐师名冕。古代的乐师一般由盲人担任。②相(xiàng)：帮助。

季氏篇第十六

共十四章

一

季氏将伐颛臾①。冉有、季路见于孔子曰："季氏将有事于颛臾。"

孔子曰："求！无乃尔是过与？夫颛臾，昔者先王以为东蒙主②，且在邦域之中矣，是社稷之臣也。何以伐为？"

冉有曰："夫子欲之，吾二臣者皆不欲也。"

孔子曰："求！周任③有言曰：'陈力就列，不能者止。'危而不持，颠而不扶，则将焉用彼相④矣？且尔言过矣，虎兕出于柙，龟玉毁于椟中，是谁之过与？"

冉有曰："今夫颛臾，固而近于费⑤，今不取，后世必为子孙忧。"

孔子曰："求！君子疾夫舍曰欲之而必为之辞。丘也闻有国有家者，不患寡而患不均，不患贫而患不安⑥。盖均无贫，和无寡，安无倾。夫如是，故远人不服，则修文德以来之。既来之，则安之。今由与求也，相夫子，远人不服，而不能来也；邦分崩离析，而不能守也；而谋动干戈于邦内。吾恐季孙之忧，不在颛臾，而在萧墙之内也⑦。"

【译文】季氏将要兴兵攻打颛臾。冉有、季路来见孔子，告诉他说："季氏将要对颛臾采取军事行动。"

孔子说："冉求！这怕是你的过错吧？那个颛臾，从前先王封他做东蒙山主祭人，况且它是在鲁国的疆域之内的，是鲁国的臣属。凭什么理由攻打它呢？"

冉有说："是季氏想要攻打，我们两人都不主张这样。"

孔子说："冉求！周任有句话说：'能施展才能，就去任职；不能胜任，就该辞职。'盲人走到了危险的地方却不去搀住他，跌倒了却不去扶起他，那么还要那个帮助盲人的人干什么？再说，你的话显然是错了。老虎、犀牛从笼子里逃了出来，龟甲、宝玉毁坏在匣子中，这是谁的过失呢？"

冉有说："那个颛臾国，城墙坚固，又靠近（季孙的封地）费邑，现在如果不攻打，到了后世必然会成为（季氏）子孙的祸患。"

孔子说："冉求！君子讨厌那种不说要这样做却又硬要为这样做另找借口的人。我听说过，当诸侯当大夫的，不担心贫穷而担心分配不均，不担心人口少而担心不安定。分配均匀了便不觉得贫困，和睦团结了便不觉得人少，境内安定了国家便不会倾覆。正因为这样，所以当远方的人不愿归服时，就要搞好礼乐教化使他们来投奔。来了之后，还要使他们安心定居。现在你们两人辅佐季氏，远方的人不归服，却不能使他们来投奔；国家不统一，分崩离析，你们不能好好保全，反而策划在国内兴师动武。我看，只怕季孙所担心的，不在于颛臾，而在于鲁国宫墙之内啊。"

【注释】①颛臾(zhuān yú)：春秋时一个小国，鲁国的附庸国。相传为伏羲氏之后故城，在今山东省蒙阳县。②东蒙，即东蒙山，一名蒙山，在鲁国东部。③周任：古代一位有名的史官。④相：扶盲人走路的人。⑤费：鲁国的一个小城邑，季氏的封邑，其地在今山东费县。⑥"不患"两句：上句"寡"字与下句'贫'字互倒。俞樾《古书疑义举例》卷六："此本作'不患贫而患不均，不患寡而患不安。'"译文据之。⑦当时季氏权势很大，把持鲁国政事，鲁哀公想削弱其势力。因颛臾靠近季氏封地，季氏便担心它被哀公利用而对自己不利，所以要攻打它。孔子这句话道破了季氏伐颛臾的真实意图。萧墙，面对宫门的小墙，如同后世的"照壁"，人臣至此便会肃然起敬，故称"萧墙"。萧：同"肃"。"萧墙之内"是暗指鲁君。

二

孔子曰："天下有道，则礼乐征伐自天子出；天下无道，则礼乐征伐自诸侯出。自诸侯出，盖十世希不失矣；自大夫出，五世希不失矣；陪臣执国命，三世希不失矣。天下有道，则政不在大夫；天下有道，则庶人不议。"

【译文】孔子说："天下太平时，礼乐制度和征伐都由天子决定；天下混乱时，礼乐制度和征伐便由诸侯擅自做主。礼乐征伐由诸侯做主，很少有传到十代而政权不丧失的；如果由大夫做主，很少有传到五代而政权不丧失的；如果大夫的家臣操纵了国家政权，那就很少有传到三代而政权不丧失的。天下太平，政权不会落到大夫手中；天下太平，百姓不会议论朝政。"

三

孔子曰："禄之去公室，五世矣；政逮于大夫，四世矣①，故夫三桓之子孙微矣②。"

【译文】孔子说："政权从朝廷公室手中失去已经有五代了，政权落入大夫手中已经有四代了，所以鲁桓公的三房子孙也到衰微的时候了。"

【注释】①五世、四世：鲁文公十八年（前608），鲁国大夫襄仲杀文公太子恶而立宣公，从此国家政权落入大夫手中。这种局面，到孔子说这话的时候，已经历了宣公、成公、襄公、昭公、定公这五代；从大夫季氏最初把持政权，至此已经历了文子、武子、平子、桓子这四代。②三桓：鲁国的孟孙氏、叔孙氏、季孙氏，都是鲁桓公的后代，时称"三桓"。

四

孔子曰："益者三友，损者三友。友直，友谅，友多闻，益矣。友便辟，友善柔，友便佞，损矣。"

【译文】孔子说："有益的朋友有三种，有害的朋友有三种。同正直的人交友，同守信用的人交友，同见闻多的人交友，就有好处。同虚假做作的人交友，同谄媚奉承的人交友，同花言巧语的人交友，就有害了。"

五

孔子曰："益者三乐，损者三乐。乐节礼乐，乐道人之善，乐多贤友，益矣。乐骄乐，乐佚①游，乐宴乐，损矣。"

【译文】孔子说："有益的快乐有三种，有害的快乐有三种。把礼乐的节制当作快乐，把称道别人的长处当作快乐，把多结交贤良的朋友当作快乐，就有好处。把骄纵恣肆当作快乐，把纵情游荡当作快乐，把宴饮纵欲当作快乐，就有害了。"

【注释】①佚(yì)：通"逸"，安闲。

六

孔子曰："侍于君子有三愆①：言未及之而言，谓之躁；言及之而不言，谓之隐；未见颜色而言，谓之瞽②。"

【译文】孔子说："陪伴君子谈话容易出现三种过失：没有轮到你讲话你抢先说，这叫急躁；该到你讲话你不说，这叫隐瞒；不看对方脸色随意说话，这叫盲目。"

【注释】①愆(qiān)：过失。②瞽(gǔ)：瞎子，这里有盲目的意思。

七

孔子曰："君子有三戒：少之时，血气未定，戒之在色；及其壮也，血气方刚，戒之在斗；及其老也，血气既衰，戒之在得。"

【译文】孔子说："有三种情况君子要警惕自己：年轻时，血气未稳定，要警惕的是贪恋女色；到了壮年时，血气正旺盛，要警惕的是逞强好斗；到了老年时，血气已经衰退，要警惕的是贪得无厌。"

八

孔子曰："君子有三畏：畏天命，畏大人，畏圣人之言。小人不知天命而不畏也，狎大人，侮圣人之言。"

【译文】孔子说："君子有三件敬畏的事：敬畏天命，敬畏身居高位的人，敬畏圣人的言论。小人不懂天命，因而不敬畏，不尊重地位高的人，轻侮圣人的言论。"

九

孔子曰："生而知之者，上也；学而知之者，次也；困而学之，又其次也；困而不学，民斯为下矣。"

【译文】孔子说："生来就知道的，是上等的；学了才知道的，是次一等的；有了困惑再去学习的，是又次一等的；有了困惑也不学习，老百姓一般就是这种最下等的。"

十

孔子曰："君子有九思：视思明，听思聪，色思温，貌思恭，言思忠，事思敬，疑思问，忿思难，见得思义。"

【译文】孔子说："君子有九想：看想看清楚，听想听清楚，脸色想温和些，容貌想恭敬些，说话想诚恳真心，做事想严肃认真，疑难时就想向人请教，欲发怒时就想到造成的后果，见到可得的东西时就想得来是否合理。"

十一

孔子曰："见善如不及，见不善如探汤。吾见其人矣，吾闻其语矣。隐居以求其志，行义以达其道。吾闻其语矣，未见其人也。"

【译文】孔子说："见到好的品德，便像追赶不上似的（奋力追求）；见到不好的品德，便像手伸进了沸水似的（赶紧避开）。我见到过这样的人，我听到过这样的话。靠隐居来保全自己的意志，靠行义来实现自己的主张。我听到过这样的话，还没有见过这样的人。"

十二

齐景公有马千驷，死之日，民无德而称焉。伯夷、叔齐饿于首阳之下，民到于今称之。其斯之谓与①。

【译文】齐景公有马四千匹，他死的时候，老百姓觉得他没有什么德行可称道的。伯夷、叔齐饿死在首阳山下，老百姓至今还在称颂他们。大概说的是这个意思吧。

【注释】①这一句的意思与上文衔接不上，旧注多疑是缺漏或错简造成的。

十三

陈亢问于伯鱼曰①："子亦有异闻乎？"

对曰："未也。尝独立，鲤趋而过庭。曰：'学《诗》乎？'对曰：'未也。''不学《诗》，无以言。'鲤退而学《诗》。他日，又独立，鲤趋而过庭。曰：'学礼乎？'对曰：'未也。''不学礼，无以立。'鲤退而学礼。闻斯二者。"

陈亢退而喜曰："问一得三，闻《诗》，闻礼，又闻君子之远其子也。"

【译文】陈亢向伯鱼问道："您（在您父亲那里）得到过一些特别的教诲没有？"

伯鱼回答道："没有。有一次，他独自站在庭院中，我恭敬地走过那里，他问我：'你学《诗》了吗？'我回答：'没有。'（他就说）'不学《诗》，就不会说话。'我回去后便学《诗》。又有一天，他又独自站在庭院中，我恭敬地走过那里，他问我：'你学礼了吗？'我回答：'没有。'（他就说）'不学礼，就无法立足社会。'我回去后便学礼。我私下就听到这两次教诲。"

陈亢回去后高兴地说："我问了一个问题，却得到三点收获：知道了该学《诗》，知道了该学礼，还知道了君子不偏爱自己的儿子。"

【注释】①陈亢：姓陈，名亢，字子禽。伯鱼：孔子的儿子，名鲤。

十四

邦君之妻，君称之曰夫人，夫人自称曰小童；邦人称之曰君夫人，称诸异邦曰寡小君；异邦人称之亦曰君夫人。

【译文】国君的妻子，国君称她为夫人，她（对国君）自称为小童；国内的人称她为君夫人，但在外国人跟前称她为寡小君；外国人称她也叫君夫人。

阳货篇第十七

共二十六章

一

阳货①欲见孔子，孔子不见，归孔子豚②。

孔子时③其亡也，而往拜之。遇诸途。谓孔子曰："来！予与尔言。"曰："怀其宝而迷其邦，可谓仁乎？"曰："不可。好从事而亟失时，可谓知乎？"曰："不可。日月逝矣，岁不我与。"孔子曰："诺，吾将仕矣。"

【译文】阳货想叫孔子来见他，孔子不去，阳货便送一只蒸熟的小猪给孔子（使得孔子非得去他家拜谢）。

孔子趁阳货外出时上他家去道谢。（不料）在路上相遇了。阳货对孔子说："来！我有话对你说。"接着说："怀藏着仁德才智（不出来做官），却听任他的国家迷途失道，这能算仁吗？"（见孔子不回答，阳货接着）说："不能。想参政，却又多次错失时机，这能算聪明吗？"（见孔子依然不回答，阳货便又）说："不能。岁月不停地流逝，岁月不会等人呀。"孔子说："好，我准备去做官了。"

【注释】①阳货：又叫阳虎，鲁国大夫季氏的家臣，曾一度把持季氏家的大权和鲁国政权，后因权力斗争失利而逃往齐国、晋国。孔子站在正统立场上，对阳货的所作所为一向持反对态度，称他是"陪臣执国命"，所以不愿见他。②归孔子豚(tún)：归，同"馈"(kuì)，赠送。当时礼节规定，大夫赏赐东西给士，如果士未能在家当面受赐，过后就要亲自上大夫家拜谢。

③时：同"伺"，窥伺。

<h1 style="text-align:center">二</h1>

子曰："性相近也，习相远也。"

【译文】孔子说："人的天性本来是相近的，由于习染不同便逐渐差得远了。"

<h1 style="text-align:center">三</h1>

子曰："唯上知与下愚不移。"

【译文】孔子说："只有上等聪明的人和下等愚笨的人是不可改变性情的。"

<h1 style="text-align:center">四</h1>

子之武城①，闻弦歌之声。夫子莞尔而笑，曰："割鸡焉用牛刀②？"

子游③对曰："昔者偃也闻诸夫子曰：'君子学道则爱人，小人学道则易使也。'"

子曰："二三子！偃之言是也。前言戏之耳。"

【译文】孔子到了武城，听到弹琴唱歌的声音。孔子微微一笑，说道："杀鸡哪用得着宰牛刀？"

子游答道："以前我听老师说过：'君子学了（礼乐的）道理，就会有仁爱之心，老百姓学了（礼乐的）道理，就容易听使唤。'"

孔子说："弟子们！言偃的话是对的啊。我前面那句话是同他开玩笑罢了。"

【注释】①武城：鲁国的一个小城邑，子游当时任武城长官。②这是个比喻，意思是治理一个小城邑，哪用得着施行礼乐教化。③子游：孔子弟子言偃的字。

五

公山弗扰以费畔①，召，子欲往。

子路不说，曰："末之也已，何必公山氏之之也？"

子曰："夫召我者，而岂徒哉？如有用我者，吾其为东周乎！"

【译文】公山弗扰占据费邑，反叛季氏，召孔子去，孔子打算去。

子路不高兴，说："没有可去的地方就不去罢了，为什么非要到公山氏那里去呢？"

孔子说："那个叫我去的人，难道会白白召我去？如果有人任用我，我或许还能在东方复兴周朝的礼乐制度呢！"

【注释】①公山弗扰：又叫公山不狃（niǔ），季氏家臣，鲁定公九年（前501）在费邑反叛季氏。费：季氏封邑。畔：通"叛"，谋反。

六

子张问仁于孔子。孔子曰："能行五者于天下，为仁矣。"

"请问之。"

曰："恭，宽，信，敏，惠。恭则不侮，宽则得众，信则人任焉，敏则有功，惠则足以使人。"

【译文】子张向孔子询问怎样做可以称仁。孔子说："能够在天下施行五种品德，就可以称仁了。"

子张说："请问哪五种。"

孔子说："恭敬、宽厚、信实、勤敏、慈惠。恭敬就不会招来侮辱，宽厚就能得到众人拥护，信实就会得到别人任用，勤敏就会有成绩，慈惠就足以使唤人。"

七

佛肸召[1]，子欲往。

子路曰："昔者由也闻诸夫子曰：'亲于其身为不善者，君子不入也。'佛肸以中牟畔，子之往也，如之何？"

子曰："然，有是言也。不曰坚乎，磨而不磷；不曰白乎，涅而不缁？吾岂匏瓜也哉？焉能系而不食？"

【译文】佛肸召孔子，孔子想去。

子路说："过去我听老师说过：'亲身做坏事的人，君子不到他那里去。'佛肸占据中牟反叛，您却要去他那里，这该怎么解释呢？"

孔子说："是的，有这句话。不是说坚硬的东西磨而不薄，洁白的东西染而不黑吗？我难道是个苦味的葫芦吗？怎么能只悬挂在那里不被人食用？"

【注释】①佛肸（bì xī）：晋国大夫范氏的家臣，中牟（范氏封邑）的长官。公元前490年，晋国大夫赵简子借晋侯名义攻打范氏，围中牟，佛肸抗拒赵简子。佛肸召孔子即在此时。下文所说的"畔"，是指反叛晋侯。

八

子曰："由也，女闻六言六蔽矣乎？"对曰："未也。""居，吾语女。好仁不好学，其蔽也愚；好知不好学，其蔽也荡；好信不好学，其蔽也贼；好直不好学，其蔽也绞；好勇不好学，其蔽也乱；好刚不好学，其蔽也狂。"

【译文】孔子说："仲由，你听说过六种品德、六种弊病吗？"子路答道："没有。"（孔子）说："坐下，我告诉你。爱好仁德而不爱学习，它的弊病是使人愚笨；爱好聪智而不爱学习，它的弊病是使人轻浮无根底；爱好诚实而不爱学习，它的弊病是伤害大义；爱好直率而不爱学习，它的弊病是语急伤人；爱好勇敢而不爱学习，它的弊病是犯法作乱；爱好刚强而不爱学习，它的弊病是狂妄自大。"

九

子曰："小子何莫学夫《诗》?《诗》，可以兴，可以观，可以群，可以怨。迩之事父，远之事君；多识于鸟兽草木之名。"

【译文】孔子说："弟子们，为什么不好好学一学《诗》?《诗》，可以激发志趣和联想，可以借助它观察事物，可以使人与人合群，可以抒发心中的愤懑。（学了《诗》）近一点说，可以更好地服侍父母，远一点说，可以更好地侍奉君主，还可以使人多认识一些鸟兽草木的名称。"

十

子谓伯鱼曰："女为《周南》《召南》矣乎①? 人而不为《周南》《召南》，其犹正墙面而立也与？"

【译文】孔子对伯鱼说："你学过《周南》《召南》吗？一个人如果不学习《周南》《召南》，那他就会像面对着墙壁站立一样（无法行走）了吧？"

【注释】①《周南》《召南》：《诗经·国风》中前两部分的名称。

十一

子曰："礼云礼云，玉帛①云乎哉？乐云乐云，钟鼓云乎哉？"

【译文】孔子说："礼呀礼呀，难道说的只是玉、帛吗？乐呀乐呀，难道说的只是钟鼓之类乐器吗？"

【注释】①玉帛：指举行礼仪时的玉器、丝织器。

十二

子曰："色厉而内荏，譬诸小人，其犹穿窬之盗也与？"

【译文】孔子说："外表刚强，内心却很虚弱，假使拿小人打比方的话，大概就像个穿墙挖洞的小偷吧？"

十三

子曰："乡愿①，德之贼也。"

【译文】孔子说："那种谁也不得罪的老好人，是败坏道德的小人。"

【注释】①乡愿：乡里的人都称道的老实人实际上是没有原则，不讲操守，讨好一切人，与世俗同流合污的人。

十四

子曰："道听而途说，德之弃也。"

【译文】孔子说："在路上听了传言，随即就四处传播，这是道德所不容许的。"

十五

子曰："鄙夫可与事君也与哉？其未得之也，患得之；既得之，患失之。

苟患失之，无所不至矣。"

【译文】孔子说："品德低下恶劣的人，难道可以同他一起侍奉国君吗？他没有得到官职时，担心得不到；已经得到了，又唯恐失掉。如果唯恐失掉，那就什么手段都会使出来了。"

十六

子曰："古者民有三疾，今也或是之亡也。古之狂也肆，今之狂也荡；古之矜也廉，今之矜也忿戾；古之愚也直，今之愚也诈而已矣。"

【译文】孔子说："古代的人有三种毛病，现在的人或许是没有这些毛病了（但还不如古人）。古代的狂人心高志大，不拘小节，现在的狂人却是一味放荡，肆无忌惮；古代自尊自大的人，棱角太露，难以接近，现在自尊自大的人，却是乖戾多怒，与人相争；古代的愚人天真直率，现在的愚人，却是惯于欺诈。"

十七

子曰："巧言令色，鲜矣仁①。"

【译文】孔子说："满口说着动听的话，满脸装着讨好的样子，（这种人）是很少有仁德的。"

【注释】①此章已见《学而》篇第三章，可参看。

十八

子曰："恶紫之夺朱也①，恶郑声②之乱雅乐③也，恶利口之覆邦家者。"

【译文】孔子说："（我）憎恶紫色抢夺红色的地位，憎恶郑国的音乐扰乱了典雅正统的京城音乐，憎恶巧言诡辩而使国家倾覆败亡的人。"

【注释】①古人认为紫色是杂色，红色是正色。②郑声：郑国的乐曲。③雅乐：周朝京城正统的乐曲。

十九

子曰："予欲无言。"子贡曰："子如不言，则小子何述焉？"子曰："天何言哉？四时行焉，百物生焉，天何言哉①？"

【译文】孔子说："我不再想说什么了。"子贡说："您如果不说了，那我们这些学生还记述什么呢？"孔子说："天说过什么话了吗？四季照常运行，万物依然生长，天说过什么话了吗？"

【注释】①本章之旨，似在告诫学生不能只重言不重行。

二十

孺悲欲见孔子①，孔子辞以疾。将命者出户，取瑟而歌，使之闻之②。

【译文】孺悲想见孔子，孔子推说有病而不见。传话的人一出门，孔子就拿过瑟来边弹边唱，（故意）让孺悲听到（使他知道不见的原因）。

【注释】①孺悲：鲁国人，《礼记》上说，他曾从孔子学过士丧礼。②孔子让孺悲知道自己是故意不见他，是想要他反省自己有没有不好的地方，努力去改正。

二十一

宰我问："三年之丧，期已久矣。君子三年不为礼，礼必坏；三年不为乐，乐必崩。旧谷既没，新谷既升，钻燧改火①，期可已矣。"

子曰："食夫稻，衣夫锦②，于女安乎？"

曰："安。"

"女安，则为之！夫君子之居丧，食旨不甘，闻乐不乐，居处不安③，故不为也。今女安，则为之！"

宰我出。子曰："予之不仁也！子生三年，然后免于父母之怀。夫三年之丧，天下之通丧也。予也有三年之爱于其父母乎？"

【译文】宰我问道："（为父母）守丧三年，时间太长了。君子要是三年不行礼仪，礼仪必遭毁坏；要是三年不奏音乐，音乐必定会荒废。旧谷已经吃完，新谷又已经长出来，取火用的燧木也已随四季更换了一遍，（所以）守丧一年也就够了。"

孔子说："（守丧不到三年）吃白米，穿绸衣，对你来说心安吗？"

（宰我）说："心安。"

（孔子）说："你心安，你就那么干吧！君子守丧，内心悲哀，吃着美味不觉香甜，听见音乐不觉快乐，住在家里不觉安适，所以不会那么干的。你觉得心安，你就那么干吧！"

宰我退出。孔子说："宰我真不仁啊！孩子出生后三年，才离得开父母的怀抱。三年的丧期，是天下通行的丧期。宰我难道没有从他父母怀抱里得到过三年的爱抚吗？"

【注释】①钻燧改火：古人钻木取火，所用之木四季不同。春用榆、柳，夏用枣、杏，季夏（夏季最后一月）用桑、柘，秋用柞、楢，冬用槐、檀。②食夫稻，衣夫锦：古代北方稻米珍贵，居丧者不食；锦，有文采之帛，居丧者不穿，只穿单色布衣。③居处不安：古代孝子守丧，要住在临时用草料木料搭的棚子里，睡在草席上，用土块做枕头。

二十二

子曰："饱食终日，无所用心，难矣哉！不有博弈者乎①？为之，犹贤乎已。"

【译文】孔子说："整天吃得饱饱的，一点儿心思都不用，这种人难有作为啊！不是有下棋的游戏吗？玩玩这个，也总比什么心思都不用好。"

【注释】①博弈(yì)：古代一种先掷骰子再走棋的下棋方法。

二十三

子路曰："君子尚勇乎？"

子曰："君子义以为上。君子有勇而无义为乱，小人有勇而无义为盗。"

【译文】子路问："君子崇尚勇敢吗？"

孔子说："君子把义看作是最高的。君子有勇而没有义，就会犯上作乱；小人有勇而没有义，就会偷窃抢劫。"

二十四

子贡曰："君子亦有恶乎？"

子曰："有恶。恶称人之恶者，恶居下流而讪上者①，恶勇而无礼者，恶果敢而窒者。"

曰："赐也亦有恶乎？""恶徼以为知者，恶不孙以为勇者②，恶讦以为直者③。"

【译文】子贡问："君子也有憎恶的人吗？"

孔子说："有憎恶的人。君子憎恶传扬别人缺点的人，憎恶身居下位却诽谤上级的人，憎恶只讲勇敢不讲礼节的人，憎恶只求果敢而不通事理的人。"

（孔子反问子贡）说："赐呀，你也有憎恶的人吗？"（子贡答道）"我憎恶抄袭别人东西还自以为聪明的人，憎恶不谦逊还自以为勇敢的人，憎恶揭发别人隐私还自以为正直的人。"

【注释】①下流：旧本无"流"字，是衍文。②孙：同"逊"，谦逊。③讦(jié)：攻击别人的短处，揭发别人的隐私。

二十五

子曰："唯女子与小人为难养也①。近之则不孙，远之则怨。"

【译文】孔子说："只有奴婢和小人是最难相处的。亲近他们，他们就会放肆无礼；疏远他们，他们又会抱怨怀恨。"

【注释】①女子：女，借用为"奴"；奴子，即奴婢。

二十六

子曰："年四十而见恶焉，其终也已。"

【译文】孔子说："到了四十岁还遭人厌恶，他这一辈子大约就完了。"

微子篇第十八

共十一章

一

微子去之^①，箕子为之奴^②，比干谏而死^③，孔子曰："殷有三仁焉。"

【译文】（纣王无道）微子离他而去，箕子被降为他的奴隶，比干由于竭力进谏而惨死。孔子说："殷朝有三位仁人啊！"

【注释】①微子：名启，纣王的哥哥。②箕子：纣王的叔父。他进谏纣王，纣王不听。于是披发佯狂，后被纣王降为奴隶。③比干：纣王的叔父，曾多次力谏纣王，纣王恼羞成怒，将比干剖心杀害。

二

柳下惠为士师，三黜。人曰："子未可以去乎？"曰："直道而事人，焉往而不三黜？枉道而事人，何必去父母之邦？"

【译文】柳下惠担任（鲁国的）法官，多次被罢官。有人对他说："您不能离开鲁国吗？"柳下惠说："坚持按正道侍奉君主，到哪里能不遭到多次罢官？如果不按正道侍奉君主，那又何必离开祖国？"

三

齐景公待孔子曰^①："若季氏，则吾不能；以季、孟之间待之^②。"曰："吾老矣，不能用也。"孔子行。

【译文】齐景公谈打算怎样对待孔子时说："像鲁君对待季氏那样对待他，我做不到；我想用介于季氏和孟氏之间的礼遇对待他。"后来又说："我老了，不能用他了。"孔子于是离开了齐国。

【注释】①齐景公：齐国国君。这里的"待孔子"，具体似指赋予孔子职权。②季、孟之间：季，即季孙氏，鲁国大夫，位在上卿，权力很大。孟，即孟孙氏，鲁国大夫，位在下卿。

四

齐人归女乐，季桓子受之①，三日不朝，孔子行②。

【译文】齐国送给鲁国一批歌姬舞女，季桓子接受了，连续多天不上朝问政，孔子于是离开了鲁国。

【注释】①归：通"馈"（kuì），赠送。季桓子：鲁国宰相季孙斯，是当时鲁国实际执掌国政的人。②孔子当时在鲁国担任司寇。

五

楚狂接舆歌而过孔子，曰："凤兮！凤兮！何德之衰①？往者不可谏，来者犹可追。已而！已而！今之从政者殆而！"孔子下，欲与之言。趋面辟之，不得与之言。

【译文】楚国的狂人接舆唱着歌从孔子车旁经过，他唱道："凤凰呀！凤凰呀！你的德行为什么这样衰微？过去的已无法挽回，将来的还来得及改变。算了吧！算了吧！如今从政的人物都很危险啊！（怎么能同他们在一起？）"

孔子下车，想同他说话。那人加快步子避开了，孔子终于没能同他说上话。

【注释】①古代传说，天下太平时凤凰就出现，天下混乱时凤凰就隐去。此处以凤凰喻孔子，批评孔子在天下混乱时隐居是德行差。

六

长沮、桀溺耦而耕①，孔子过之，使子路问津焉。

长沮曰："夫执舆者为谁？"子路曰："为孔丘。"曰："是鲁孔丘与？"曰："是也。"曰："是知津矣。"

问于桀溺。桀溺曰："子为谁？"曰："为仲由。"曰："是鲁孔丘之徒与？"对曰："然。"曰："滔滔者天下皆是也，而谁以易之？且而与其从辟人之士也，岂若从辟世之士哉？"耰②而不辍。

子路行以告。

夫子怃然曰："鸟兽不可与同群，吾非斯人之徒与而谁与？天下有道，丘不与易也。"

【译文】

长沮、桀溺合耕田地，孔子路过那里，叫子路去问渡口在哪里。

长沮问："那个手执缰绳驾车的人是谁？"子路说："是孔丘。"长沮问："是鲁国的孔丘吗？"子路说："是的。"长沮便说："他是知道渡口在哪儿的。"

子路又问桀溺。桀溺说："你是谁？"子路说："我是仲由。"桀溺又问："是鲁国孔丘的门徒吗？"子路回答说："是的。"桀溺便说："天下大乱就像这滔滔的洪水泛滥一样，你们同谁去改变它呢？再说，你跟随躲避无道的君主的人，哪比得上跟随躲避乱世的人呢？"一面说，一面不停地耙土播种。

子路回来把这些告诉孔子。

孔子怅惘地说："我们是无法和鸟兽同群的，（既然这样）不和天下的人同群，还能和谁同群呢？如果天下有道，我孔丘也就不必同你们一起去改变它了。"

【注释】①长沮、桀溺：姓名身世不详，大约是两个隐士。耦（ǒu）：两个人在一起耕地。②耰（yōu）：种子播下后，用土覆盖。

七

子路从而后，遇丈人，以杖荷。

子路问曰："子见夫子乎？"丈人曰："四体不勤，五谷不分，孰为夫子？"植其杖而芸。子路拱而立。

止子路宿，杀鸡为黍而食之，见其二子焉。

明日，子路行以告。

子曰："隐者也。"使子路反见之。至，则行矣。

子路曰："不仕无义。长幼之节，不可废也；君臣之义，如之何其废之？欲洁其身，而乱大伦①。君子之仕也，行其义也。道之不行，已知之矣。"

【译文】子路跟着孔子出游，落在了后面，遇见一位老人用木杖挑着锄草的农具。

子路问道："您看见我的老师没有？"老人说："（你这个人呀）四肢不劳动，五谷分不清，哪个是你的老师？"说完，将木杖插在地上锄草去了。子路拱着手（恭敬地）站立在一旁。

（老人见子路懂礼貌）留子路过夜，杀了鸡，煮了黄米饭款待子路，又叫两个儿子出来相见。

第二天，子路上路，（赶上孔子后）把这件事告诉了孔子。

孔子说："这是一位隐士。"叫子路返回去见他。子路到了那里，老人已经出门了。

子路说："不出去做官是不符合义的。长幼之间的礼节，不能废弃；君臣之间的正常关系，又怎么能废弃呢？想洁身自好（而隐居不仕），却破坏了（君臣之间）重大的伦理关系。君子出来做官，是实践君臣大义。至于我们的政治主张实现不了，那是早就知道的了。"

【注释】①子路认为，自己对隐者恭敬有礼，隐者便款待自己，并让儿子出来相见，这说明隐者没有废弃"长幼之节"，但隐者不出仕，却是放弃了臣对君的应尽之责，因而废弃了"君臣之义"。

八

逸民：伯夷、叔齐、虞仲、夷逸、朱张、柳下惠、少连①。子曰："不降其志，不辱其身，伯夷、叔齐与？"谓："柳下惠、少连，降志辱身矣，言中伦，行中虑，其斯而已矣。"谓："虞仲、夷逸，隐居放言，身中清，废中权。我则异于是，无可无不可②。"

【译文】自古隐逸之士有：伯夷、叔齐、虞仲、夷逸、朱张、柳下惠、少连。孔子说："不降低自己的心志，不辱没自己的身份，恐怕是伯夷、叔齐吧！"又说："柳下惠、少连，是降低了心志，辱没了身份了，但他们言论符合法度，行为合乎理智，他们也就是这样罢了。"又说："虞仲、夷逸隐居不仕，不谈世事，洁身符合清白的原则，弃官符合权宜之计。我却与这些人不同，没有什么可以，也没有什么不可以。"

【注释】①虞仲、夷逸、朱张、少连，四人身世不详。②无可无不可：孟子曾说孔子，"可以速而速，可以久而久，可以处而处，可以仕而仕。"（《孟子·万章下》可以看作是"无可无不可"的注脚。）

九

大师挚适齐①，亚饭干适楚②，三饭缭适蔡，四饭缺适秦，鼓方叔人于河，播鼗武入于汉③，少师阳、击磬襄入于海④。

【译文】大师挚逃到齐国去了，亚饭乐师干到楚国去了，三饭乐师缭到蔡国去了，四饭乐师缺逃到秦国去了，击鼓的方叔到黄河地区了，摇小鼓的武到汉水沿岸去了，少师阳和击磬的乐师襄到海滨去了。

【注释】①大师挚：大师，乐官中的领班，"挚"是人名。②亚饭：古代天子、诸侯吃饭时要奏乐，第二次吃饭时奏乐的乐师叫亚饭乐师。第三次、第四次吃饭时奏乐的乐师，分别为三饭乐师、四饭乐师。"干"和下文的"缭""缺"都是人名。③鼗(táo)：一种小鼓，鼓有两耳，系有小槌，摇动时带动小槌击鼓发声，类似后代的拨浪鼓。"武"，人名。④少师阳：少师，副乐官；"阳"，人名。磬，古代一种乐器，用石或玉雕成，悬挂于架上，以物击之而发声。"襄"，人名。本章记鲁哀公时，鲁国乐师纷纷离开鲁国流散四方，反映了当时礼坏乐崩的情况。

十

周公谓鲁公①曰："君子不施②其亲，不使大臣怨乎不以。故旧无大故，则不弃也。无求备于一人。"

【译文】周公对鲁公说："君子不疏远自己的亲族，不使大臣抱怨不被任用。老臣旧友没有大过失，就不要抛弃他们。不要对一个人求全责备。"

【注释】①周公：指周公旦；鲁公，指周公旦的儿子伯禽。本章所记是周公对鲁公的训诫。②施：同"弛"，松弛，此指疏远、怠慢。

十一

周有八士：伯达、伯适、仲突、仲忽、叔夜、叔夏、季随、季骈①。

【译文】周代有八个（著名的）士人：伯达、伯适、仲突、仲忽、叔夜、叔夏、季随、季骝。

【注释】①旧说这八人是一母所生的四对双生子。一家之中便出了八个名士，可见当时人才之盛。骝，音guā。

子张篇第十九

共二十五章

一

子张曰："士见危致命，见得思义，祭思敬，丧思哀，其可已矣。"

【译文】子张说："一个士人，遇见危难能献出生命，遇到有所得能考虑是否合于义，祭祀时想到虔诚恭敬，居丧时想到哀痛悲戚，那就可以了。"

二

子张曰："执德不弘，信道不笃，焉能为有？焉能为亡①？"

【译文】子张说："拥有道德但不能弘扬光大，信仰道义但不能忠诚执着，这种人怎么能说他有道德、有信仰？怎么能说他没有道德，没有信仰？"

【注释】①"焉能"两句：这两句是说这种人的德与道，虽有若无。

三

子夏之门人问交于子张。子张曰："子夏云何？"对曰："子夏曰：'可者与之，其不可者拒之。'"子张曰："异乎吾所闻。君子尊贤而容众，嘉善而矜不能。我之大贤与，于人何所不容？我之不贤与，人将拒我，如之何其拒人也？"

【译文】子夏的学生向子张询问应该怎样交朋友。子张先问他："子夏怎么说？"那位学生回答道："子夏说：'可以交朋友的，就同他交往，不可以交朋友的，就拒绝同他交往。'"子张说："这同我听说的道理不一样。君子尊敬贤人，同时容得下一般的人；称赞有德才的人，同时也同情没有能力的人。如果我自己是个很好的人，那么同谁不能相容相处呢？如果我是个不好的人，别人就会拒绝同我交往，那我怎么可能去拒绝别人呢？"

四

子夏曰："虽小道，必有可观者焉；致远恐泥①，是以君子不为也。"

【译文】子夏说："即使是小技艺，也一定有可取之处；但要想靠它去达到远大的目标，怕是行不通，所以君子不搞那些小技艺。"

【注释】①泥(nì)：行不通。

五

子夏曰："日知其所亡，月无忘其所能，可谓好学也已矣。"

【译文】子夏说："每天学到自己所没有的知识，每月不忘自己已掌握的知识，这样就可以说是好学了。"

六

子夏曰："博学而笃志，切问而近思，仁在其中矣。"

【译文】子夏说："广泛学习，坚定志向，恳切地提出疑问，联系当前情况思考，仁德就在这中间了。"

七

子夏曰："百工居肆^①以成其事，君子学以致其道。"

【译文】子夏说："各类工匠在作坊里完成他们的工作，君子通过学习来掌握他所追求的道理。"

【注释】①肆：指作坊，即古代制造物品的场所。

八

子夏曰："小人之过也必文。"

【译文】子夏说："小人对自己的过失，必定会加以掩饰。"

九

子夏曰："君子有三变：望之俨然，即之也温，听其言也厉。"

【译文】子夏说："君子给人有三种不同的印象。远看他，端庄严肃的样子；接触他，又觉得他温和；听他说话，却又十分严正。"

十

子夏曰："君子信而后劳其民；未信，则以为厉己也。信而后谏；未信，则以为谤己也。"

【译文】子夏说："君子先要取得百姓信任，然后才能役使百姓；如果还未取得信任（就役使他们），百姓就会认为是在虐待他们。君子先要取得国君信任，然后才能进谏；如果还没取得信任就去进谏，国君就会认为是在毁谤他。"

十一

子夏曰："大德不逾闲，小德出入可也。"

【译文】子夏说："人在大的节操上不能超越一定界限，小节上有点儿出入是可以的。"

十二

子游曰："子夏之门人小子，当洒扫应对进退，则可矣，抑末也。本之则无，如之何？"

子夏闻之，曰："噫！言游过矣！君子之道，孰先传焉，孰后倦焉①，譬诸草木，区以别矣。君子之道，焉可诬也？有始有卒者，其惟圣人乎！"

【译文】子游说："子夏的学生，让他们做些洒水扫地、陪客说话、迎送尊长等事情还可以，不过，这些只是细枝末节的小事。至于礼乐之道这些根本的东西，他们却没有学到，这怎么行呢？"

子夏听了这话，说道："咳！子游错了！君子的道，哪些先传授，哪些后传授，就好比草木一样，应当区别种类对待。君子的道，哪能（不根据情况）乱传授呢？至于从头至尾完全学通的，大概只有圣人吧！"

【注释】①倦："传"字之误。

十三

子夏曰："仕而优①则学，学而优则仕。"

【译文】子夏说："做官的，有余力就去学习；学习的，有余力就去做官。"

【注释】①优：知足，富裕；此指有余力。

十四

子游曰："丧致乎哀而止。"

【译文】子游说："服丧时，能充分表现出哀伤之情就行了。"

十五

子游曰："吾友张也，为难能也，然而未仁。"

【译文】子游说："我的朋友子张呀，算是难能可贵的了，不过还没有达到仁。"

十六

曾子曰："堂堂乎张也，难与并为仁矣。"

【译文】曾子说："子张呀，气概不凡，别人难以同他一起做到仁。"

十七

曾子曰："吾闻诸夫子：人未有自致①者也，必也亲丧乎！"

【译文】曾子说："我在老师那里听说过：人一般没有充分宣泄自己感情的时候，（要说有）一定是在父母去世的时候吧！"

【注释】①致：尽致，指人的感情全都表露出来。

十八

曾子曰："吾闻诸夫子：孟庄子之孝也①，其他可能也；其不改父之臣与父之政，是难能也。"

【译文】曾子说："我在老师那里听说过：孟庄子的孝行，其他方面别人也能够做到，而他不改换父亲的旧臣僚属和政治措施，这是别人难以做到的。"

【注释】①孟庄子：鲁国大夫，名速。

十九

孟氏使阳肤为士师①，问于曾子。曾子曰："上失其道，民散久矣。如得其情，则哀矜而勿喜！"

【译文】孟氏让阳肤担任法官，阳肤向曾子请教应该怎么去做。曾子说："在上位的人背离正道，民心离散已经很久了。你如果审出了犯罪的实情，就该同情怜悯他们，不要自以为明察而沾沾自喜！"

【注释】①阳肤：旧注说他是曾子的弟子。

二十

子贡曰："纣之不善，不如是之甚也。是以君子恶居下流，天下之恶皆归焉。"

【译文】子贡说："纣王的恶行，不像传说中的那么厉害。所以君子最讨厌身有污行，（一旦如此）天下的坏事都算到他头上了。"

二十一

子贡曰："君子之过也，如日月之食^①焉：过也，人皆见之；更也，人皆仰之。"

【译文】子贡说："君子的错误，就像日食月食一样：有了过错，人人都看得见；改了过错，人人都景仰他。

【注释】①食：通"蚀"。

二十二

卫公孙朝问于子贡曰^①："仲尼焉学？"子贡曰："文武之道，未坠于地，在人。贤者识其大者，不贤者识者小者，莫不有文武之道焉。夫子焉不学？而亦何常师之有？"

【译文】卫国的公孙朝问子贡："仲尼是从哪里学到学问的？"子贡说："文王、武王之道，没有散佚，还在人间流传。贤人记得其中的大道理，不贤的人记得其中的小道理，但都有文武之道在里面。我的老师哪里不学？又哪有什么固定的老师呢？"

【注释】①公孙朝：卫国大夫。

二十三

叔孙武叔^①语大夫于朝曰："子贡贤于仲尼。"

子服景伯^②以告子贡。

子贡曰："譬之宫墙：赐之墙也及肩，窥见室家之好。夫子之墙数仞^③，不得其门而入，不见宗庙之美，百官之富④。得其门者或寡矣。夫子之云，不亦宜乎！"

【译文】叔孙武叔在朝廷上对大夫们说："子贡贤能胜过他的老师仲尼。"子服景伯把这话告诉了子贡。

子贡说："可以拿围墙来打个比方：我的围墙（高度）只到肩膀，（站在墙外就能）窥见里面房舍的美好。而我的老师的围墙却有好几丈高，如果找不到门进去，就看不到里面像宗庙一样雄伟壮美的各式各样的房屋。能找到门的人也许是太少了。那位先生那么说，不也是正常的吗！"

【注释】①叔孙武叔：鲁国大夫，名州仇。②子服景伯：鲁国大夫。③仞（rèn）：古代长度单位，七尺为仞。④官：房舍。

二十四

叔孙武叔毁仲尼。子贡曰："无以为也！仲尼不可毁也。他人之贤者，丘陵也，犹可逾也；仲尼，日月也，无得而逾焉。人虽欲自绝，其何伤于日月乎？多见其不知量也。"

【译文】叔孙武叔诋毁仲尼。子贡说："这样做是没有用的！仲尼是不可以诋毁的。别人的贤德，好比是丘陵，还是能超越的；仲尼（的贤德），好比是日月，是无法超越的。一个人即使想自绝于日月，但对日月来说，又有什么损伤呢？只不过显出这个人毫不自量罢了。"

二十五

陈子禽谓子贡曰："子为恭也，仲尼岂贤于子乎？"

子贡曰："君子一言以为知，一言以为不知，言不可不慎也。夫子之不可及也，犹天之不可阶而升也。夫子之得邦家者，所谓立之斯立，道之斯行，绥^①之斯来，动之斯和。其生也荣，其死也哀，如之何其可及也？"

【译文】陈子禽对子贡说："您（对仲尼）表现出恭敬，仲尼难道真的比您强吗？"

子贡说："君子说一句话就可以显出他的聪明，同样说一句话也可以表现出他的无知，所以说话不可不慎重啊。我的老师是无法赶得上的，就像青天无法架了梯子登上去一样。老师如果做了诸侯或大夫，那真可说是要百姓立于礼，百姓就会立于礼，引导百姓，百姓就会跟他走，安抚百姓，百姓就会来投奔，动员百姓，百姓就会万众响应。老师生得荣耀，死得可哀，（这样的老师）我怎么能赶得上他呢？"

【注释】①绥：安。

尧曰篇第二十

共三章

一

尧曰:"咨!尔舜!天之历数在尔躬,允执其中。四海困穷,天禄永终。"

舜亦以命禹。

曰:"予小子履敢用玄牡①,敢昭告于皇皇后帝:有罪不敢赦。帝臣不蔽,简在帝心。朕躬有罪,无以万方;万方有罪,罪在朕躬。"

周有大赉,善人是富。"虽有周亲,不如仁人。百姓有过,在予一人。"

"谨权量,审法度,修废官,四方之政行焉。兴灭国,继绝世,举逸民,天下之民归心焉。"

"所重:民、食、丧、祭。"

"宽则得众,信则民任焉,敏则有功,公则说。"

【译文】尧(对舜)说:"啧啧!你这个舜啊!依上天安排,帝位就要由你继承,你要真诚地坚持正确的治国方略。如果天下陷入穷困,上天赐给你的禄位也就永远地终结了。"

舜(在让位给禹时)也这样告诫禹。

(汤在向天祈祷时)说:"我小子履谨用黑色公牛做祭品,谨明明白白地祭告伟大的天帝:对于有罪之人,我不敢擅自赦免。您的臣子的罪过,我不敢隐瞒遮蔽,一切您心里都明白。如果我自身有罪,请不要加罪于天下万方；倘若天下万方有罪，罪责就由我一人承担。"

周朝恩赐天下，善人因此富贵起来。（周武王）说："即使有至亲近戚，也不如有仁德之人。如果百姓有过错，责任在我一人。"

孔子说："慎重确立度量衡，审查法度，重修官制，全国的政令就能畅行无阻。复兴已灭亡了的国家，接续断绝了的世族，起用隐居的贤士，天下的百姓就诚服了。"

"当权者所要重视的是：百姓、粮食、丧礼、祭礼。"

"宽厚就能得到众人拥护，诚信就能得到百姓的信任，勤勉就能取得成功，公正就能使百姓高兴。"

【注释】①小子履：汤对天祷告时的自称。汤，商朝开国君主，名履。

二

子张问于孔子曰："何如斯可以从政矣？"

子曰："尊五美，屏四恶，斯可以从政矣。"

子张曰："何谓五美？"

子曰："君子惠而不费，劳而不怨，欲而不贪，泰而不骄，威而不猛。"

子张曰："何谓'惠而不费'？"

子曰："因民之所利而利之，斯不亦惠而不费乎？择可劳而劳之，又谁怨？欲仁而得仁，又焉贪？君子无众寡，无小大，无敢慢，斯不亦泰而不骄乎？君子正其衣冠，尊其瞻视，俨然人望而畏之，斯不亦威而不猛乎？"

子张曰："何谓四恶？"

子曰："不教而杀谓之虐；不戒视成谓之暴；慢令致期谓之贼；犹之与人也，出纳之吝谓之有司①。"

【译文】子张问孔子："怎样才可以从政？"

孔子说："尊崇五种美德，屏除四种恶政，这就可以从政了。"

子张问："什么叫五种美德？"

孔子说："君子给人恩惠，自己却不耗费；让百姓劳作，百姓却不怨恨；有欲望却不贪婪；神情舒泰却不傲慢；态度威严却不凶猛。"

子张问："什么叫'给人恩惠却不耗费'？"

孔子说："百姓能得到好处的事，引导他们去做，让他们得到好处，这不就是既给恩惠又不耗费吗？选择百姓可以出来做事的时间（不误农活），叫百姓来（为公家）做事，谁又会怨恨呢？自己追求仁德便得到了仁德，还贪求什么呢？君子不论人多人少，权势是大是小，都不敢怠慢，不也就是舒泰而不傲慢吗？君子衣冠端正整齐，目光尊严，仪态庄重，使人望而生畏，这不就是威严而不凶猛吗？"

子张问："什么叫四种恶政？"

孔子说："事先不进行教化，（一旦犯法）就加以杀戮，这叫'虐'；事先不告诫，而苛求立即成功，这叫'暴'；开头松懈，后来突然限期完成，这叫'贼'；同样是给予人的，出手之际十分吝惜，这叫'有司'。"

【注释】①有司：古代专管某类具体事务的低级官吏。这里指专管财务的小吏。管财务的小吏，财物出手很吝惜，此处是在这一特点上运用"有司"一词。

三

孔子曰："不知命，无以为君子也；不知礼，无以立也；不知言，无以知人也。"

【译文】孔子说："不知天命，无法成为君子；不懂礼节，无法立足于社会；不会分辨别人的言论，无法了解别人。"

考点集萃

走近作者

孔子(前551—前479)，春秋末期思想家、政治家、教育家，儒家学派创始人。名丘，字仲尼。鲁国陬邑(今山东曲阜)人。先祖是宋国贵族，后流亡到鲁国。孔子青年时期做过管理仓库和牛羊的小官吏，后来聚徒讲学，授业门人先后多达三千，贤者七十二人。五十岁以后，做过鲁国中都宰，后升任司空、司寇。然后周游列国，六十八岁返回故乡。晚年主要从事文化典籍整理工作。现存《论语》一书，记有孔子的谈话以及孔子与门人的问答，是研究孔子学说的主要资料。南宋以后，《论语》《大学》《中庸》以及《孟子》合称为"四书"，成为封建科举取士必读的教科书。

首先，孔子是我国古代最伟大的思想家，作为儒家学派的创始人，他提出了"仁"的学说，并将此学说贯穿于他的所有主张中。

其次，孔子终身投入教育，是我国历史上第一个伟大的教育家。在孔子以前，大奴隶主掌握着文化教育大权，一般人是无权接受教育的，只有那些大奴隶主中的少数人才有受教育的资格。由于社会的发展和需要，一些开明人士认为应该发展平民教育。在这种思想的影响下，孔子大约在三十岁的时候，就设立私学，招收弟子讲学，开始了自己的教育生涯。这是教育史上，从学在官府转向学在民间的重要标志。

再次，孔子是我国历史上第一个伟大的文献整理专家。我国历史发展相当悠久，在孔子以前，有文字的记载，若从商代说起也有一千多年。

如此漫长的历史进程中，留下了很多文献典籍。但是，由于各种灾害，诸如水、火、战争和自然损耗，这些典籍渐渐地散乱而无法卒读、遗失而难以复得。对于这种情况，孔子看在眼里，痛在心上。为了教育的目的，为了推行他自己的政治主张，也为了延续中华民族的文化，孔子不辞辛劳，只身投入到典籍的整理工作中。他广泛收集鲁、周、宋、杞各国的文献典籍，重新校勘、编订，整理出了许多图书，我们现在能知道的有《易》《诗》《书》《礼》《春秋》和《乐》等六种，这些书多被后人视为经典著作，称为不可改易的"经"。在儒家规定的十三种经书中，除了《乐》之外，这些书全部包括在内。我们今天能看到这些书，是要归功于孔子的。

艺术魅力

首先，《论语》善于借助个人简短的语言突出人物的性格特点，如《述而》章："子曰：'饭疏食，饮水，曲肱而枕之，乐亦在其中矣。不义而富且贵，于我如浮云。'"即是说，吃粗粮，喝凉水，曲着胳膊当枕头睡觉，尽管物质条件极端贫乏，但孔子面对这种处境，不仅能处之泰然，非常高兴，且能不为物欲引诱，将富贵看得轻如浮云，这是难能可贵的。

《论语》更善于借助对话体现人物形象。在孔子的弟子中间，子路的性格最为突出，他粗鲁直率。而读者之所以能感觉到子路的这种性格，要归功于《论语》以对话塑造人物的技巧。如在《子路》篇中子路问孔子："如果卫国国君希望您去治理国家，您将要先做些什么事情呢？"孔子回答说："如果一定要做的话，那就是先正名分吧。"子路便毫不客气地嘲笑道："果真要这样做吗？您也太迂腐了，为什么要先正名分呀？"孔子批评子路说："你真是粗野鲁莽啊，仲由。"在古代，特别是儒家，是讲究师道尊严的，子路敢于当面嘲笑老师，可见粗鲁直率得可爱。

《论语》有时也善于借助衬托、对比的方法塑造人物形象。在《先进》章中有很长的一节，通常称为《侍坐章》，是《论语》中最具有文学意味的一节，是一篇绝妙的散文。它描述了孔子与其弟子子路、曾皙、冉有、公西华在一起，孔子令弟子各人谈自己志向的一个场景，即是这一手法的体现。《侍坐章》先由老师孔子提问，孔子说："你们平常总是讲：'别人不了解我呀！'假如有人了解了你，或者要重用你，你将怎么办呢？"子路不假思索地抢先答道："如果有一个一千辆兵车的大国，夹在大国的中间，受到别国军队的侵犯，又遇到了灾荒年景，让我去治理，只需要三年时间，就可以使那里的人民不但勇敢，而且知道如何遵守礼仪。"孔子听了，微微一笑，没说什么，便又问："冉求，你呢？"冉求随口而答："方圆六七十里或者五六十里的小国，如果让我去治理，等到三年的时间，可以使老百姓丰衣足食。至于礼乐教化的事情，那就要让有德的君子去做了。"孔子又问："公西华，你如何？"公西华回答说："不敢说我能做什么，我只是愿意学着去做。在宗庙祭祀的事情方面，或者在国家与他国盟会时，我愿意穿上礼服，戴上礼帽，做一个主持礼仪的人。"别人回答完了，曾皙还在弹他的瑟。孔子催问曾皙说："谈谈你的志向吧！"曾皙缓缓地推开瑟，从容地站了起来，说："我的志向与他们三位有所不同。"孔子说："有什么关系呢，只不过各人谈一下自己的志向罢了。"曾皙这才回答说："暮春时节，穿着新做好的夹衣，跟着五六个成年人，再带上六七个少年，到沂水河里游游泳，到舞雩台上吹吹风，然后一路唱着歌，走回家去。"孔子长长地叹了一声，说道："我赞同曾皙的意见啊。"如果将以上各言其志的话独立起来看，应该说，是看不出多少人物性格的。但是，把它们联系起来，并加以详细地比较后，你便可以发现，人物性格已经跃然纸上了。

《论语》的语言艺术也是相当出色的。宋朝理学家程颐称赞《论语》：
"读之愈久，愈觉气味深长。"一般来讲，《论语》的语言有如下特色。

1. 多样化。即句子灵活多变，有长句，也有短句。从一字句到十几
字的句子，无所不备。如："林放问礼之本。子曰：'大哉问！礼，与其
奢也，宁俭；丧，与其易也，宁戚。'"（《论语·八佾》）；又如："季文子
三思而后行。子闻之，曰：'再，斯可也。'"（《论语·公冶长》）。这种
多变的句式，使人感觉到文章的通灵、活泼、生机盎然。

2. 形象化。《论语》善于将抽象的道理，借助具体的日常事物，形
象化地表述出来。如借"岁寒，然后知松柏之后凋也"（《论语·子
罕》），说明只有经过艰苦的考验，才能检验出一个人坚贞不屈的品质。
借"子在川上，曰：'逝者如斯夫！不舍昼夜。'"（《论语·子罕》）喻时
光流逝如水，一去不复返。意在告知人们，当及时努力，莫要浪费年华。
这种方法，让人睹物生情，最易感发人心。

3. 哲理化。以简单的事物，说明深刻的道理。如："子曰：'譬如
为山，未成一篑，止，吾止也；譬如平地，虽覆一篑，进，吾往也。'"
（《论语·子罕》），其道理在于，成就再大，需从小处做起。事业的成功
与失败，皆在于自己，而不在他人。

4. 格言化。由于《论语》语言的形象化、哲理化，既通俗明白，平
易畅达，朴实无华，又深入浅出，言简意赅，意味深长。一方面，具备
艺术感染力；另一方面，对生活具有相当的指导意义。如"君子坦荡荡，
小人长戚戚。"（《论语·述而》）、"吾未见好德者如好色者也。"（《论
语·子罕》）等，不胜枚举。这样的语言朗朗上口，易诵易记。所以，多
数都成了格言，活跃在古今文章中，活跃在人们的口头上，变成了永久
性的、不朽的语言。

从文学的角度而言，借助优美的文句，我们好像看到孔子率领着弟

子们，正站在宽阔的、奔腾而过的河流边，在微风吹拂下，指点江山，谈论风生。其人物、河岸、河水等组成的景象，视野宽阔，有动有静，有声有色，颇富诗情画意。特别是奔腾不息的河水，最给人灵动的感觉。许多哲人都取水的意象，寄托自己的思想。老子讲"上善若水"，"人之所弃，我独取之"，苏轼形容"吾文如万斛泉源"等，但都不如孔子讲得浅易、形象、生动、深刻，最具美感，最能打动人心，直到今日还流传在人们口头上，出现在人们的文章中。

读后感

修身养性的经典

——读《论语·学而篇》有感

《学而》是《论语》的第一篇，包括16章，涵盖诸多方面的内容，从学习到道德修养，从孝悌到忠信，从君子到君主，其实讲的全部是做人的道理。虽为"学而"，但并不仅局限于学习知识，更多的是强调个人品德的修养。在孔子看来，知识在于其次，最重要的在于做人。

"人不知而不愠"，别人不理解我，但我并不怨恨、恼怒。因为别人的不了解而愤愤不平，争吵不休，实际是缺乏气度与自信的表现。别人不理解我而出言讽刺，我不与之争，也不怨恨之，只是淡然一笑，你有你的理解，我有我的坚持，如此而已。要做到举世而非之而不加沮，正需要这样的超然与坚持。人不知而不愠，不仅是一种大度，更是一种对自身所坚持之道的自信与坚守。

"子曰：巧言令色，鲜仁矣。"花言巧语，装出和颜悦色的样子，这种人的仁心就很少了。"仁"是儒家学说的核心，儒家崇尚质朴，反对花言巧语；主张说话应谨慎小心，说到做到，先做后说，反对说话办事随心所欲，只说不做，停留在口头上。孔子的儒家思想重视人的实际行动，尤其强调人应该言行一致。但是，当今社会，情况却往往不是这样，巧言令色、长袖善舞的人越来越多，人们似乎早已习惯了这样一种浮夸的表现方式，渐渐将中华民族传统的踏实、质朴的精神抛诸脑后，"仁心"则更不必说。在我们夸夸其谈的背后，藏着的究竟是难填的欲壑还是真心诚意？撕下我们挂在脸上的面具，摘掉强作的笑颜，一张张疲惫而冷漠的面孔背后，只有一颗空洞的心。我们在今天读《论语》就应该抛开尘世烦扰，摒弃花言巧语，寻找我们渐渐丧失的"仁心"。

"曾子曰：吾日三省吾身——为人谋而不忠乎？与朋友交而不信乎？传不习乎？"这句话的意思是"我每天多次反省自己，为别人办事是不是尽心竭力了呢？同朋友交往是不是做到诚实可信了呢？老师传授给我的学业是不是复习了呢？"且不说要我们以竭心尽力、诚实可信、学而时习之来要求自己，当今的我们，又有几人能够每天沉心静气，思考自己一天的作为呢？忙碌似乎是没有时间反思自己的最好借口，我们看似每天在为理想奋斗，但有很多人在不知所谓的忙碌中虚度了青春。我们是不是应该问问自己，忙的究竟是不是自己想要做的？是不是顺应内心的？今天，我们也许真的做不到曾子的要求，但我们至少应该在脚步匆匆之际，抽出片刻，反省一下自我，调整一下忙碌的方向，让自己的目标更明确。

子贡曰："贫而无谄，富而无骄，何如？"子曰："可也。未若贫而乐，富而好礼者也。"贫穷而不谄媚需要无尽的骨气及傲气，富有而不骄傲自大则只有真正谦虚的人才能做到，贫贱不能移，富贵不能淫，做到这两点已属不易，更何况安贫乐道、富而好礼？不戚戚于贫贱，不汲汲于富贵，像颜回那样"一箪食，一瓢饮"的又有几人？在如今物欲横流的社会里，我们是否能够耐得住寂寞，不趋炎附势、沽名钓誉？我想，这些都是我们在阅读《论语》的过程中应该反思、拷问自己的问题。

"无友不如己者，过则勿惮改。"不要同与自己不同道的人交朋友；有了过错，就不要怕改正。道不同不相为谋，与志同道合之人交朋友能够激发我们实现目标的动力。自己有了过错，首先想到的不应该是纹饰、狡辩，而是改正。过而能改，善莫大焉。改正过错不是没用无能，反而是大智大勇的体现。只有能正视错误并勇于改正的人，才能够寻找到生活与学习的真谛。

"夫子温良恭俭让。"温顺、善良、恭敬、俭朴、谦让，这是孔子的学生对他的赞誉，这五条是我们中华民族的传统美德，传承到如今虽然表面上还在被大家赞誉，但很多人的内心并不以为然，认为现在还这样是会吃亏的。但我觉得，这五种品德，体现了人的本性之美，不论到什么时候都是我们修身养性的标准，是我们应该继续传承下去的美德。

《论语·学而篇》的16章每一章都给人以深刻的思考，在我们现在更侧重于知识学习而忽视品德修养的时代，更能给我们带来启示。我们应该静心沉入其中，远离尘嚣，返璞归真，寻找圣人留给我们的生活、学习之真谛。

一、填空题

1.《论语》是＿＿＿＿＿＿＿＿经典著作，是记录孔子及其弟子言行的＿＿＿＿＿（体裁）著作。它与《＿＿＿＿》《＿＿＿＿》《＿＿＿＿》合称为"四书"，共二十篇。孔子，名丘，字仲尼，＿＿＿＿＿＿＿鲁国人。我国古代伟大的＿＿＿＿＿＿＿家、＿＿＿＿＿＿＿家，儒家学派创始人。

2.《论语》中，被认为能保持君子风格的一句话是：

＿＿＿＿＿＿＿＿＿＿＿＿＿＿＿＿＿＿＿＿＿＿＿＿＿＿＿＿＿＿＿＿＿＿

二、阅读题

1.阅读下面《论语》选段，回答问题。

子①曰："学而时习之，不亦说②乎？有朋自远方来，不亦乐③乎？人不知而不愠④，不亦君子⑤乎"（《论语·学而篇第一》）

【注释】①子：中国古代对有地位、有学问的男子的尊称，有时也泛指男子。②说：通"悦"。③乐：快乐。④愠：怨恨，生气。⑤君子：指有道德的人，有时也指有地位的人。

（1）下列各项是对上面选段内容的理解，不正确的一项是（　　　）

A.本章提出以学习为乐事，做到"人不知而不愠"。

B.反映出孔子学而不厌、诲人不倦、注重修养、严格要求的主张。

C"有朋自远方来"之所以"乐"，是因为会友既有益于切磋学问，又有益于健康。

D.孔子认为，君子学习是为了充实自己，小人学习是为了显示自己，因此只有君子才能做到"人不知而不愠"。

（2）结合上面的选段，你认为这几段都体现了孔子的什么思想？

"不患人之不己知，患不知人也。"（《论语·学而第一》）

"不患人之不己知，患其不能也。"（《论语·宪问第十四》）

"君子病无能焉。不病人之不己知也。"（《论语·卫灵公第十五》）

_____

_____

_____

2.阅读下面《论语》选段，回答问题。

有子曰："其为人也孝弟，而好犯上者，鲜矣；不好犯上，而好作乱者，未之有也。君子务本，本立而道生。孝弟也者，其为仁之本与？"（《论语·学而篇第一》）

子游问孝。子曰："今之孝者，是谓能养。至于犬马，皆能有养。不敬，何以别乎？"（《论语·为政篇第二》）

（1）下列对选段理解分析不正确的是（　　　）

A.仁道宽广，不易把握，有子教人致力于实践孝悌之德，指点人们从切近处把握实践仁德的方法，这样做比较容易见效。

B.有子从社会政治关系的角度谈孝悌，他认为，行孝悌能大大减少"犯上作乱"行为的发生，有助于维护政治的安定。

C.有子认为，孝悌是仁德的根本，只要能行孝悌，就能成为君子，并能掌握治国之道。可见，他提倡以孝悌治天下。

D.孔子认为，子女孝养父母时，除了满足父母物质方面的需求之外，更应表现出敬爱的情意，这样才算能尽孝道。

（2）孔子又说："君子笃于亲，则民兴于仁。"请结合上面选段，简要谈谈"孝悌"与"仁"的关系。

_____

_____

一、填空题

1.儒家　语录体　大学　中庸　孟子　春秋末期　思想　教育

2.人不知而不愠，不亦君子乎？

二、阅读题

1.（1）C　本题考查的是孔子有关教育思想观点的分析与理解。C项应该是"有朋自远方来"之所以"乐"，是因为会友既有益于切磋学问，又有益于修养道德。

（2）这几段都体现了孔子"人不知而不愠，不亦君子乎"的思想。孔子是我国的大教育家，提出以学习为乐事、注重修养、严格要求的主张，认为只有真正做到"人不知而不愠"，才是君子。

2.（1）C　行孝悌是成为君子的必要条件而非充要条件。

（2）孔子认为，君子如果厚待亲族，老百姓就会按仁德来行动。而厚待亲族的最好做法是行孝悌。孔子、有子师徒俩均把孝悌当作实践仁德的根本之道，希望能由亲情生发出仁爱之心，并推而广之，使人们懂得忠君敬上，"泛爱众"。